KB051997

침묵의 기술

L'art de se taire by Joseph Antoine Toussaint Dinouart
Original French edition published in 1771 by Jérôme Millon

침묵의 기술

L'art de se taire

조제프 앙투안 투생 디누아르 지음 성귀수 옮김

arte

한국어판을 펴내며

침묵의 기술, 침묵의 역설

말과 글이 난무하는 시대다. 언제 어디서나 소통을 권하는 분위기는 우리에게 때와 장소를 불문하고 소통을 강요한다. 나를 표출하고픈 욕망이 낳은 소통의 기제(機制)는 이미 표출하지 않으면 안 될 강박으로 나를 몰아넣은 지 오래다. 하루가 멀다 하고 불거지는 온갖 설화(舌禍)와 필화(筆禍) 스캔들, 소통을 위해 소통의 장치 속에 고립되고 만 너와 나의 기괴한 모습은 이제 풍요의 기술적 부작용으로 치부하기에는 너무도 증후적(症候的)이다. 이런 시대의 한복판에 '침묵'이라는 화두를 던지는 것 자체가 무엄한 도전일지 모른다. 그럼에도 불구하고 쓰인 지 두 세기가 훌쩍 지난 '침묵에 관한 책'을 지금 소개하는 것은, 고전으로서의 문헌학적 가치를 넘어 침묵을 신비화하는 태도를 탈피해 수사학적 시각에서 그 유형과 운용을 치밀하게 분석해내는 이 책의 실용주의적 접근법이 말의 과잉을 앓는 오늘 우리에게 즉효의 처방일 수 있겠다는 생각에서다.

이 책의 가장 중요한 논지는 두 가지 층위의 역설(逆說)을 통해 드러나는데, 하나는 침묵이야말로 말을 가능케 하는 일종의 전제라는 주장이고, 다른 하나는 더 나아가 침묵 자체가 곧 말일 수 있다는 주장이다. 이를 풀어서 정리하면 다음과 같다.

첫 번째, 침묵은 언어를 자제하는 방법일 뿐 아니라 언어를 보다 효율적으로 활용하기 위한 준비 작업이다.

두 번째, 침묵은 단순히 입을 닫는 것을 넘어 그 자체가 말과는 다른 어떤 표현 양식을 의미한다.

말하지 말아야 할 때를 알고 자제할 수 있다면, 역으로 말해야 할 때를 파악해 적확하게 말하는 것도 가능하다는 의미이니, 침묵은 곧 말의 전제조건이자 잉태 공간인 셈이다. 또한 인간의 침묵이 짐승의 그것과 같을 수 없어, 표정이나 제스처를 통해 침묵하는 자의 의중이 얼마든지 드러날 수 있으므로 침묵은 곧 또 다른 언어일 수 있다는 얘기다. 침묵을 언어 행위에 직결시켜 이해하는 이상 두 가지 해석 방법은 고전 수사학에서 소위 악티오(actio)라 칭하는 '몸짓의 수사법'에 그 뿌리를 두고 있다. 결국 이 책은 침묵을 이야기하면서 기실은 자기표현의 언어 행위를 역설(逆說)적으로 역설(力說)하고 있는 것이다. 개인주의와 나르시시즘이 갈수록 기승을 부려, 말과 글을 통한 자기표출 행위가 극성으로 치닫는 요즘 사회에 침묵을 언어의 중요한 가능태 중 하나로 조명하는 시각은 매우 중요한 설득력을 갖는다.

침묵의 온갖 양태들을 세밀하게 분류하는 저자의 태도에서는 일견 '침묵의 유형학'을 구축하려는 야심까지 느껴지기도 한다. 침묵하는 상황과 의도, 구체적인 방식에 따라 의미와 효용을 가늠하는 것은 침묵을 분명한 하나의 언어로 보고 화용론(話用論)적으로 접근하는 태도인데, 상대에게 미치는 그것의 영향과 관련한 분석이 주조를 이룬다. 또한 말에 대한 침묵의 우위를 주장하는 대목에서는 보다 깊은 심리학적 분석이 가세한다. 즉, 말에는 정념의 분출로 인해 자아의 해체를 유발할 위험성이 상존하는 반면, 침묵은 자아를 보존하고 '관리(possession)'하는 비책(秘策)이라는 논리다. 이는 곧 '말은 정념, 침묵은 지혜'라는 유서 깊은 공식으로 연결된다. 요컨대 그 지혜란 '이성을 통한 자아의 통제'와 '신중함을 통한 사회적 처신'으로, 특히 후자의 경우는 발타자르 그라시안이 칭송한 '궁정인'의 미덕과도 일맥상통한다. 그라시안은 『영웅론』에서 "자신의 속내를 드러내는 것과 적에게 무기를 내어주어 우리를 정복게 하는 것은 결코 다르지 않다."라고 했는데, 이는 침묵의 대척점에 있는 말/글의 위험성에 직결되는 교훈이다. 이처럼 그라시안이, 그리고 마키아벨리가 무엇보다 침묵의 정치적 효과에 주목했다면, 디누아르 신부는 그것을 포함해 침묵의 윤리적 가치까지 논의를 확대한 셈이고, 이는 다음과 같은 발언을 통해 구체적으로 확인된다.

> 침묵이 필요하다고 해서 진솔함을 포기하라는 뜻은 아니다. 어떤 생각들을 표출하지 않을지언정 그 무엇도 가장해서는 안 된다. 마음을 닫아걸지 않고도 입을 닫는 방법은 많다. 신중하되 답답하거나 의뭉스럽지 않은 방법. 진실을 드러내지 않을 뿐 거짓으로 포장하는 것은 아닌 방법.

'침묵의 정치학'과 '침묵의 윤리학'이 서로 나뉘는 기점은 침묵이 어디를 조준하느냐로 결정된다고 할 수 있다. 침묵이라는 언어가 타인에 대한 지배와 기만, 통제를 목표로 할 때 그것은 정치의 비책으로 기능한다. 반면 침묵이라는 언어가 자신을 통제하고 돌아보며 가다듬는 것을 목표로 한다면 그것은 윤리의 훌륭한 잣대가 되는 것이다. 우리는 이 책의 후반부로 가면서 침묵의 윤리적 가치에 점차 많은 비중을 할애하는 저자의 뚜렷한 의지를 읽을 수 있다. 책의 말미에 이르러 결론 삼아 던지는 독자를 향한 '숙제'는 그 의지의 정점으로 받아들일 만하다.

마지막으로, 지금 이 책을 손에 펼친 한국 독자들을 위해 한 가지 설명을 덧붙이고자 한다. 먼저 우리가 이해해야 할 것은, 정치 권력과 철학 사조가 발전하면서 교회의 권위에 본격적인 도전을 감행하던 18세기 후반 시류에 대한 반작용의 구체적 사례라는 점에서 이 책의 문헌적 가치가 소중하다는 사실이다. 당시 대중이 호흡하는 사회적 삶과 과학적 지식은 종교적 예속을 점차 벗어나는 지렛대 역할을 했고, 계몽 사조와 개인주의가 득세하면서 전통적 인식 틀의 장악력을 느슨하게 만들어가고 있었다. 이런 역사적 맥락에서 1771년에 출간된 『침묵의 기술』은 보수적 사회질서의 수호를 강력하게 주창하는 하나의 정치적 선언문으로 읽힐 수도 있다. 저자인 디누아르 신부의 위상 또한 18세기 성직자가 처해 있었던 특수한 상황을 고려할 때 비로소 올바르게 이해할 수 있다. 당시 교회는 말 그대로 행정적 시스템으로 변질되어가는 추세였고, 순수한 신앙과는 다소 거리가 멀어지는 상황이었다. 그에 따라 성직자 역시 종교적 이데올로기를 가진 공무원이자 관리로서 전통적 제도를 주관하는 가운데, 글과 말을 통해 그것을 옹호하고 정당화하는 일이 직무에서 큰 비중을 차지했다. 따라서 이 책에 자주 등장하는 디누아르 신부의 종교적 주장들은 비단 종교에 국한된 문제라기보다, 참여적 '논객(論客, opinion leader)'으로서의 정치적, 사회적 발언들로 이해해야 할 것들이다. 루소, 볼테르, 디드로 등 혁명적 사상가들이 전복의 담론들을 앞다퉈 쏟아내던 혼란의 시기에 침묵과 절제의 가치를 역설한다는 것 자체가 곧 사회의 보수적 가치와 전통적 질서를 대변하는 논지에 다름 아니다. 침묵을 주제로 한 이 희귀한 고전이 오늘날 프랑스에서도 끊임없이 부활하여 재해석되는 이유가 바로 거기에 있다. 말과 글의 참여가 공유를 넘어 과잉으로 치닫는 우리 사회, 소통의 장이기보다는 저주와 자조의 하이테크놀로지로 전락해버린 인터넷 게시판과 SNS……. 21세기 떠들썩한 대한민국에 과연 침묵의 지혜가 어떻게 받아들여질지 궁금하다.

2016년 2월 성귀수

머리말

침묵이 필요한 시대를 위하여

일찍이 오라토리오 수도회 소속 라미 신부가 자신이 쓴 책 『말하는 기술』을 르카뮈 추기경에게 바치자, 추기경은 답례 인사 겸 이렇게 말했다고 한다. "이건 두말할 필요 없이 훌륭한 기술이긴 하오. 그런데 침묵하는 기술은 누가 우리에게 가르쳐주겠소?" 아닌 게 아니라 침묵에 관한 원칙들을 제시하고 그 원칙들을 활용하는 것이 이득임을 깨닫게 해준다면, 그야말로 사람 사는 세상에 더없이 보탬이 될 텐데 말이다. 따지고 보면 말과 글로 인해 신세를 망친 사람이 얼마나 많던가! 신중하지 못한 말 한 마디, 불경스러운 글 한 자 때문에, 결국에는 어떤 수단과 방법을 동원해도 돌이키기 어렵도록 사회에서 제명되거나 내쫓기는 경우가 어디 한둘인가?

특히 오늘날 종교나 정치에 관해 되는 대로 말을 하고 글을 쓰는 세태가 몹쓸 열병처럼 번지고 있다. 무지한 사람들은 물론이고 당대의 지성인들까지 일종의 광란 상태에 빠져 있는 것이다. 진실과 이성이 철저히 무시되고 온갖 야유와 왜곡, 선정적인 낭설이 판치는 그 모든 말과 글을 달리 무어라 논평하겠는가! 심지어 종교와 풍속, 정치를 논박하는 글을 쓰거나 말을 하는 사람치고 양식과 지성을 제대로 갖춘 이를 찾아보기 힘들 만큼 그 타락상은 도를 넘은 상태다.

저들의 병든 머리를 지금 펴내는 이 책으로 과연 치유할 수 있을까? 천만의 말씀이다. 미덕을 아직 옹호하는 사람에 대해 그들이 품는 감정이라곤 지독한 경멸뿐일 테니 말이다. 요즘 유행하는 새로운 사조는 사실상 신을 경배하고 따르는 일 말고는 모든 것을 허용한다. 하지만 이 책을 통해 적어도 그들이 얼마나 잘못 살고 있는지를 보여주고, 혹시라도 그들의 행태에 혹할 수도 있을 이들이 똑같은 오류에 빠져 헤매는 것을 예방해주리라 기대는 해본다.

오늘날 철학이란 한낱 단어의 오용에 지나지 않는다. 우리는 오래전 소크라테스와 세네카가 문법학자나 기하학자, 물리학자에 대해 이야기하면서 다음과 같이 말했을 때의 바로 그 심성으로 돌아가야 한다. "그 사람들이 우리에게 미덕을 가르치는지 아닌지를 우선 살펴보아야 합니다. 정녕 그들이 미덕을 가르치고 있다면 그들은 철학자입니다."

침묵에 관한 이 지침서를 읽을 사람들은 성별이나 신분에 관계없이 누구든 자기에게 와 닿는 부분만을 선별해서 취할 수 있을 것이다. 일일이 강요하는 것은 나의 몫이 아닐뿐더러, 설사 그런 재량권이 주어진다 해도 결코 내가 나서서 그럴 수는 없다. 다른 사람에게는 침묵의 규범을 권하면서 나 자신이 그것을 어길 수는 없는 노릇이다.

자신의 생각을 표출하는 데 말과 글 두 가지 길이 있듯이, 침묵하는 방법에도 두 가지가 있다. 하나는 자신의 혀를 붙들어두는 것이고, 다른 하나는 자신의 펜을 붙들어두는 것이다. 작가가 침묵을 유지하거나 책을 통해 자신의 생각을 밝혀야 할 때의 구체적인 방법들을 놓고 이야기하게 된 이유가 바로 거기에 있다. "침묵할 때가 있고, 말할 때가 있는 법이다."라는 현자의 충고를 되새겨보라.

이름을 알 수 없는 지난 세기의 어떤 저자는 말하기의 규범에 관한 아주 짧은 편지글을 남겼다. 나는 그 글에 제시된 원칙들을 채택해, 지금 이 책에서 보다 발전된 형태로 펼쳐냈음을 밝힌다.

나는 이 책이 침묵의 가치가 절실해진 이 시대에 유용하게 활용되기를 바라며, 많은 사람들에게 보다 성실하고 진중하며 덕을 갖춘 시민으로 살아갈 수 있도록 이끄는 확실한 길잡이가 되어주기를 희망한다.

차례

I.

말과 침묵

서론

침묵에 대한 사색을 펼치며

우리는 학문 연구와 신체 단련을 위한 수많은 지침들을 갈고 다듬는다. 그런데 '생각하는 기술', '말 잘하는 기법', '기하학 입문', '지리학 개론' 등 온갖 유용한 가르침들로 넘쳐나는 세상에 왜 '침묵하는 기술'을 가르치는 이는 없는가? 그것이야말로 그 중요성에 비해 터무니없이 푸대접을 받아온 삶의 기술이 아니던가? 우리는 이 책을 통해 그 기술의 원칙들과 활용 방법을 본격적으로 파고들고자 한다. 그로부터 얻을 수 있는 이득은 누구나 충분히 공감할 것으로 보고, 굳이 이 자리에서 상세히 거론하지는 않겠다. 그 대신 무리 없이 책장을 넘기기 위해 꼭 필요한 몇 가지 전제를 서론에서 언급해두기로 한다.

첫째,

자고로 어떤 문제들을 논할 때 그것과 긴밀한 관계를 맺는 다른 문제들을 동시에 거론하지 않고서는 그 전모를 정확하게 파악하기가 어려운 법이다. 그렇기에 어둠을 외면한 채 빛을 이야기할 수 없고, 휴식을 고려하지 않으면서 운동을 논할 수 없는 것이다. 따라서 나는 침묵을 다루되, 종종 말에 대한 사색을 펼쳐나갈 것이다. 그럼으로써 하나를 다른 하나에 비해 더욱 선명히 부각시키는 것은 물론, 경우에 따라서는 그 둘을 한데 모아 다루는 가운데 침묵의 법칙과 관련한 문제를 면밀하게 짚어보자는 뜻이다.

둘째,

나는 제대로 침묵하기 위해서는 단순히 입을 닫고 말을 하지 않는 것만으로는 충분치 않음을 주장하고자 한다. 만약 그것만으로 족하다면 인간과 짐승이 서로 다를 게 무엇이겠는가. 자기 입안의 혀를 다스릴 줄 아는 것, 혀를 잡아둘 때나 자유롭게 풀어줄 때를 정확히 감지하는 것이 무엇보다 중요하다. 결단코 침묵을 허물지 말아야 할 인생의 길목들을 파악하는 것. 일단 침묵하는 것이 좋다고 판단되는 모든 대목에서 변치 않는 단호함을 유지하는 것. 그런데 이 모든 것은 깊은 숙고와 밝은 혜안을 통해서만 가능하다. 바로 그렇기에 옛 현인들은 이렇게 말했다. "말을 배우려면 인간에게 다가가야 한다. 그러나 어떻게 침묵해야 하는지를 깨치려면 신을 따라야 한다."

셋째,

침묵과 관련한 깨달음은 사람들 사이에서도 그 성격에 따라 천차만별이다. 지성인이나 무지한 사람이나 모두 거기서 거기인 듯 보여도, 침묵하는 방법에 변별점이 존재하는 이유다. 그 점에 대해서는 앞으로 차차 논의해나갈 것이다.

요컨대 지혜에서도 상책(上策)은 침묵하는 것이고, 중책(中策)은 말을 적당히, 적게 하는 것이며, 불필요하거나 잘못된 말이 아니더라도 말을 많이 하는 것은 하책(下策)이다.

1

침묵은 하나의 능력이다

침묵의 필수 원칙

첫 번째 원칙

침묵보다 나은 할 말이 있을 때에만 입을 연다.

두 번째 원칙

말을 해야 할 때가 따로 있듯이

입을 다물어야 할 때가 따로 있다.

세 번째 원칙

언제 입을 닫을 것인가를

가장 우선적으로 고려해야 한다.

입을 닫는 법을 먼저 배우지 않고서는

결코 말을 잘할 수 없다.

네 번째 원칙

말을 해야 할 때 입을 닫는 것은

나약하거나 생각이 모자라기 때문이고,

입을 닫아야 할 때 말을 하는 것은

경솔하고도 무례하기 때문이다.

다섯 번째 원칙

일반적으로, 말을 하는 것보다

입을 닫는 것이 덜 위험하다는 점은 분명하다.

여섯 번째 원칙

사람은 침묵 속에 거함으로써

스스로를 가장 효과적으로 관리할 수 있다.

침묵을 벗어나는 순간

사람은 자기 밖으로 넘쳐나게 되고

말을 통해 흩어져,

결국에는 자기 자신보다

남에게 의존하는 존재가 되고 만다.

일곱 번째 원칙

중요하게 할 말이 있을수록
각별히 조심해야 한다.
할 말을 먼저 혼잣말로 중얼거려본 다음,
그 말을 입 밖에 낸 것을
혹시라도
후회할 가능성은 없는지 짚어가며
다시 한 번 되뇌어보아야 한다.

여덟 번째 원칙

지켜야 할 비밀이 있을 때에는

아무리 입을 닫고 있어도 지나치지 않다.

그러할 때 침묵은 넘칠수록 좋다.

아홉 번째 원칙

일상생활에서 가급적 침묵을 지키기 위해
반드시 필요한 조심스러움은,
달변의 재능이나 적성에 비해
결코 평가절하할 만한 것이 아니다.
아는 것을 말하기보다는 모르는 것에 대해
입을 닫을 줄 아는 것이 더 큰 장점이다.

현명한 자의 침묵은
지식 있는 자의 논증보다 훨씬 가치 있다.
그렇기에 현명한 자의 침묵은 그 자체로
무도한 자에게는 교훈이 되고
잘못을 범한 자에게는 훈육이 된다.

열 번째 원칙

침묵은 이따금

편협한 사람에게는 지혜를,

무지한 사람에게는 능력을 대신하기도 한다.

사람들은 보통 말이 아주 적은 사람을
별 재주가 없는 사람으로,
말이 너무 많은 사람을
산만하거나 정신 나간 사람으로 생각하기 쉽다.
따라서 말을 많이 하고픈 욕구에 휘둘려
정신 나간 사람으로 취급받느니,
침묵 속에 머물러
별 재주 없는 사람으로 보이는 편이 낫다.

열두 번째 원칙

용감한 사람의 본성은
과묵함과 행동에 있다.
양식 있는 사람은
항상 말을 적게 하되
상식을 갖춘 발언을 한다.

열세 번째 원칙

아무리 침묵하는 성향의 소유자라 해도
자기 자신을 늘 경계해야 한다.
만약에 무언가를 말하고픈 욕구에
걷잡을 수 없이 시달리고 있다면,
그것만으로도
결코 입을 열지 말아야겠다고 결심할 만한
충분한 이유가 된다.

침묵이 필요하다고 해서
진솔함을 포기하라는 뜻은 아니다.
어떤 생각들을 표출하지 않을지언정
그 무엇도 가장해서는 안 된다.
마음을 닫아걸지 않고도 입을 닫는 방법은 많다.
신중하되 답답하거나 의뭉스럽지 않은 방법.
진실을 드러내지 않을 뿐
거짓으로 포장하는 것은 아닌 방법.

2

열 가지 침묵에 대하여

신중한 침묵이 있고,
교활한 침묵이 있다.

아부형 침묵이 있고,
조롱형 침묵이 있다.

감각적인 침묵이 있고,
아둔한 침묵이 있다.

동조의 침묵이 있고,

무시의 침묵이 있다.

정치적 침묵이 있다.

신경질적이고

변덕스러운 침묵이 있다.

하나

때와 장소에 따라 상대하는 사람에 대한

존중의 뜻으로 입을 닫는 것은

신중한 침묵이다.

감정을 토로하는 사람 앞에서

자신의 감정은 숨긴 채 상대를 기만하거나

당혹스럽게 할 의향으로 입을 닫는 것은

교활한 침묵이다.

셋

기분을 맞춰줄 의향으로
누군가의 말을 거스르지 않고 경청할 뿐 아니라,
그의 행동이나 말을 달갑게 받아들인다는
표시의 일환으로 입을 닫는 것은

아부형 침묵이다.

여기에는 상대를 칭찬하기 위해
말 대신 적극적으로 동원하는
모든 눈빛과 동작이 포함된다.

넷

누군가가 얼토당토않은 짓을 하거나
어리석기 짝이 없는 말을 할 때,
그것을 들어주거나 동조하는 척하면서
속으로 비웃기 위해 입을 닫는 것은

조롱형 침묵이다.

이때 상대는 자신이 칭찬과 동조를
이끌어낸다고 착각하면서
어리석은 말과 행동을 계속 이어가기 마련이다.

다섯

아무 말 하지 않고 있어도
얼굴에서 밝고 개방적이며
생기 넘치는 기운이 느껴지고,
말에 의존하지 않고도 어떤 감정 상태에
있는지가 자연스럽게 드러날 때,
그것은

감각적인 침묵이다.

여섯

혀가 굳어버리고 정신이 먹먹해져
아무 할 말이 없는 상태에 빠져 있는 사람이
멍하게 입을 닫고 있는 것은

아둔한 침묵이다.

보고 듣는 어떤 것에 대한

동의의 표시로 입을 닫는 것은

동조의 침묵이다.

이때 호의적인 주의를 기울이는 데 그칠 수도 있지만

보다 적극적으로 공감을 드러낼 수도 있다.

여덟

우리에게 말을 하거나
어떤 반응을 기대하는 사람을 상대로
아무 대응도 해주지 않고,
그저 차갑고 거만하게 바라보기만 하면서
입을 닫고 있는 것은

무시의 침묵이다.

아홉

신경질적인 침묵은

일시적인 기분이나 기질적 흥분 상태에

정신과 감각이 쉽게 휩쓸리는 사람의 침묵이다.

그런 사람은 대개 몸 상태의 좋고 나쁨에 따라

대상에 대한 이해가 극과 극으로 엇갈리며,

변덕스럽게 입을 열고

무례하고 퉁명스러운 말을 내뱉기 일쑤다.

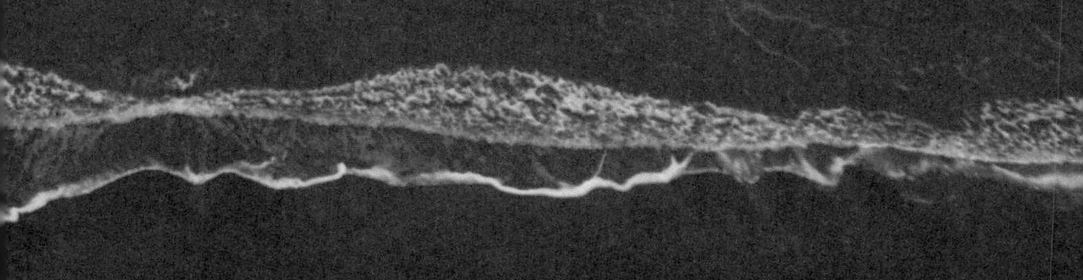

열

정치적 침묵은,

성격이 신중하고 스스로를 절제하며 처신이 용의주도할 뿐더러 좀처럼 속을 드러내지 않는, 그래서 생각을 말로 옮기는 법이 없고 자신의 행위와 의향을 일일이 설명하지 않는 사람에게서 종종 목격할 수 있다. 이런 사람은 진실을 배반하지는 않지만, 자신의 입장이 노출될 만큼 명확하게 대답하는 법이 없다. 예언자 이사야가 한 말 "나의 비밀은 나만의 것(Secretum meum mihi)"을 좌우명으로 삼을 만한 사람이다. 이 밖에 모든 시대에 어디에나 널려 있는 교활하고 기만적인 다른 책략들은 익히 알려져 있으므로 이 자리에서 일일이 거론할 필요가 없을 것이다. 정치적 침묵은 두 번째로 언급한 침묵과 관련이 있다.

3

침묵은 어떻게 시작되는가

입을 닫는 여러 가지 방법들은

사람들의 다양한 기질과 정신에서 유래한다.

하나

신중한 침묵은

소탈한 정신과 올곧은 마음,

입을 열거나 닫아야 할 상황을 중시하는

적성의 소유자에게 어울린다.

둘

교활한 침묵은

편협한 정신의 소유자.

의심이 많고 툭하면 남을 도발하거나

앙심을 품기 쉬운 사람이 즐겨 활용한다.

셋

성격이 유들유들 만만하고, 타협이 능사인 사람은

아부형 침묵을 취하기 쉽다.

넷

매사를 장난처럼 즐기길 좋아하는 사람은

조롱형 침묵에서 즐거움을 맛보기 일쑤다.

다섯

감각적인 침묵은

사람의 얼굴 표정에 생생한 감정이
고스란히 드러나면서
실제적인 결과로 이어져야만 완성되는 침묵이다.
이때 감정의 생생함을 희석시키는
군더더기 말잔치보다는
감각적인 침묵 속에서 기쁨, 사랑, 분노, 희망이
훨씬 더 잘 표출되는 것을 볼 수 있다.

여섯

아둔한 침묵이

어떤 유형의 인간에게 적절한지를 판단하기는
그리 어렵지 않다.
바로 빈약하면서 어리석은 정신의 소유자이다.

이와 반대로 동조의 침묵은,

공감할 가치가 있는 것에 대한

확실한 판단력과 분별력을 전제로 한다.

여덟

무시의 침묵은

자존심과 오만함을 전제로 하며,
상대를 일고의 주목할 가치조차 없다고 판단하기에
가능한 침묵이다.
예리한 판단력의 소유자에게서도 이따금
이러한 침묵을 볼 수 있는데,
문제는 그가 침묵함으로써 무시하는 상대가
실은 중요한 사람일 수도 있다는 점이다.

여기까지가 적절하게 입을 닫는 방법을 배우기 전에 살펴보아야 할 침묵의 개괄적인 모습이다. 이를 통해 우리는 침묵의 본질과 원칙들, 그 다양한 종류와 유래를 상세하게 고찰해보았다. 실제 사회생활 속에서의 다양한 경험은 그 내용의 진실성을 충분히 가늠하게 해줄 것이다.

침묵에 관해 우리가 이야기해온 모든 것은 정도에 따라 각종 담화에도 적용할 수 있는데, 이를테면 신중한 담화, 교활한 담화, 아부형 담화, 조롱형 담화, 감각적인 담화, 아둔한 담화, 그리고 동조의 표현으로 가득한 담화와 무시의 표시로 점철된 담화가 그렇다.

하지만 이 같은 일반적인 개념들을 터득하는 것만으로는 애당초 우리가 세운 목표를 이루기에 충분치 않다. 이 책은 무엇보다 침묵의 이론이 아니라 실행에 주안점을 두고 있다는 것을 잊지 말자. 이제 이 책의 단계별 개요를 제시하니, 그에 의거해 침묵의 실재와 그 실천 방법을 차근차근 고찰해보도록 하자.*

* 1771년에 출간된 초판본에는 이 대목에서 책의 차례를 제시하고 있다.

4

말과 침묵을 실행하는 두 가지 경로

말과 침묵의 실행은 앞에서 언급한 원칙들을 일상생활의 다양한 국면에 적절히 응용함으로써 이루어진다. 사회생활에서 발생하는 대부분의 문제들은 다음 두 가지 경로로 집약되며, 그 안에서 침묵의 성패가 판가름난다.

첫째는 사람 사이의 대화라든가 생활 속 교류의 주제가 되는 구체적인 분야에 관계된 것이다. 그중에서도 가장 중요한 것은 종교 분야인데, 지금 당장은 그것에만 치중해서 살펴볼 것이다. 그 문제와 관련한 고찰은 다른 분야를 살펴볼 때 유용한 본보기와 준거로 활용될 수 있다.

둘째는 사람 자체에 관계된 것이다. 사회생활에서 통상적으로 구분되는 점들을 기준으로 살펴볼 예정인데, 이를테면 연령의 많고 적음이랄지, 신분의 높고 낮음 혹은 지식의 많고 적음이 모두 고려 대상으로 작용할 것이다.

요컨대 사람들은 이 두 가지 경로를 따라 자신의 혀를 제대로 다스릴 줄 모르기에 종종 심각한 잘못을 범한다.

따라서 우선 우리의 어떤 점이 잘못되었는지를 살피고, 앞으로 이 책에서 제시할 계획에 따라 그 잘못된 점들을 어떻게 교정해야 할지 따져보아야 할 것이다.

예컨대 종교문제와 관련해서 나는 먼저 젊은 사람들의 통상적인 행동에 대한 나의 견해를 피력할 것이다. 즉 그처럼 중요한 분야를 다룰 때 발언과 침묵을 어떻게 조절해야만 하는지를 설명할 것이다. 높은 신분과 낮은 신분, 지성인과 무지한 민초를 오가며 이 같은 논의를 전개할 것이다.

그런데 자신의 사고를 표출하는 것에도 말과 글 두 가지 방법이 있듯이, 침묵하는 것 역시 혀의 통제와 펜의 통제, 두 가지 방법이 존재한다. 따라서 나는 사회생활 속에 난무하는 가볍고 유해한 담화에서 무엇을 바로잡아야 하는지뿐만 아니라, 무수하게 쏟아져 나오는 쓸모없고 해로운 글들에 과연 어떤 태도로 접근해야 하는지를 자세히 논해볼 것이다. 그렇게 해야 비로소 복잡한 세상사로부터 나무랄 데 없는 처신의 진수를 이끌어낼 수 있다. 자, 그럼 이제 젊은이에 대한 고찰부터 시작해보자.

5

지나친 말과 지나친 침묵

젊은이들의 태도에 대하여

나는 고삐 풀린 정념에 휩싸인 젊은이들이 방탕한 삶을 즐기고 불경한 사상을 접하는 데 걸림돌로 작용하는 종교에 대해 무지막지하게 내뱉는 온갖 독설을 이 자리에서 모두 거론할 생각은 없다. 그처럼 신성모독에 물든 정신의 소유자들이 토해내는 파렴치한 말들은 그저 역겨울 따름이다. 「시편」 139장에서 노래하듯, "저들은 뱀처럼 혀를 벼리고, 살무사의 독을 입술 밑에 품은" 자들이 아닌가 싶다.

얼마나 많은 젊은이들이 종교와 관련한 일이라면 무작정 야유나 해대고 성직자들을 경멸하며, 경건한 신심을 우습게 여겨 신을 믿는 것을 나약함의 소치로 폄훼하는가 하면, 인간을 그저 두 다리로 걷는 동물로서 죽음에 이르러 소멸하는 여타 짐승들과 조금도 다르지 않은 존재로 취급하는가! 희망을 등진 듯 그처럼 후안무치한 인간은 '독자적인 사고를 하는 자'나 방탕한 자유사상가라고 스스로 자부하기 이전에 자신의 본모습을 치열하게 자성하고 돌아볼 필요가 있다. 그래야 적어도 평소 원칙에 걸맞게, 사는 것과 마찬가지로 죽음을 결행할 것이며, 만에 하나 그렇게까지 나아갈 힘이 없다고 느낀다면 죽기를 각오하고 살아가야 할 것이다.

그보다는 덜 죄스럽긴 하지만, 종교문제를 놓고 자기 혀를 다스리는 일에서 못지않게 서툰 자들 또한 존재한다. 내가 알기로는 다음 두 부류, 종교에 관해 상당히 말이 많은 젊은이들과 말을 전혀 하지 않는 젊은이들이 그런 자들이다. 말이 많은 쪽은 매사에 말 많이 하기를 좋아해서 그런 것이고, 말이 없는 쪽은 신성한 문제와 관련해 도무지 아는 것 없이 사는 처지여서 그런 것이다.

전자는 말할 자유 이상으로 중요한 것은 없다고 생각하며, 그런 면에 소극적인 사람들을 도통 인정하려 들지 않는다. 상대의 종교를 아는 것이 반드시 필요하고 중요할 경우, 그것은 자기 입을 그만큼 더 놀리기 위한 호기로 작용할 뿐이다. 신학자라면 망설일 법한 새로운 문제에 봉착했을 때에도, 젊은 떠버리들은 일말의 주저 없이 결단을 내버리고 만다. 나이와 경험에 걸맞게 아는 만큼만 이야기하는 법을 배운 사람들은 대화에서 이들의 적수가 되지 못한다. 정신이 안정된 상태에 머물지 않아 혀가 부단히 움직이기에, 이들은 상대의 이야기를 항상 따돌리고 가로막으며 경합을 벌인다. 그들이 바라는 것이 있다면, 더욱더 자유자재로 자기 생각을 표출하는 방법을 배우는 것이다. 내가 보기에, 그런 제자를 책임질 스승이 과연 존재할지는 의문이다. 마음이 너그러운 스승을 간신히 발견해 제자로 삼아달라 간청한다면, 비록 부족한 점이 눈에 띄어도 받아줄지 모른다. 단 그럴 경우 조건이 있을 텐데, 다른 학생들보다 두 배의 수업료를 내야 한다는 것이다. 우선 입을 닫는 법부터 가르쳐야 하고, 그런 다음에야 말하는 법을 가르쳐야 하기 때문이다.

종교문제라면 일절 입에 올리지 않는 사람들은 그로부터 얻고자 하는 것이 아예 없는 자들이며, 죄로 가득한 침묵에 빠져 있는 자들이다. 이들은 스스로 자처한 구속에 얽매인 상태인데, 그 구속은 다음 두 종류로 구분할 수 있다. 하나는 그 누구도 정당화할 수 없는 극단적인 무관심이며, 다른 하나는 파악하기 힘들고 추상적으로만 보이는 문제에 대한 두려움이다. 다시 말해 종교의 추상적인 문제들을 하나의 신비로 존중해야 한다든지, 이단과 배교자를 상대하는 전문가들에게

마음이 너그러운 스승을 간신히 발견해
제자로 삼아달라 간청한다면,
비록 부족한 점이 눈에 띄어도 받아줄지 모른다.
단 그럴 경우 조건이 있을 텐데,
다른 학생들보다 두 배의 수업료를
내야 한다는 것이다.

우선 입을 닫는 법부터 가르쳐야 하고,
그런 다음에야
말하는 법을 가르쳐야 하기 때문이다.

나 맡길 문제라고 여겨서 입을 닫는 것이 아니다. 이성을 갖춘 정신의 소유자라면 누구나 종교문제에 관심을 갖는 것이 정상이다. 기독교는 우리가 도달해야 할 목적지와 거기에 이르는 방법들을 가르쳐준다. 모든 정신에 열려 있는 종교다.

문제는 이보다 더 해소하기 어려운 구속에 사로잡힌 경우다. 요컨대 젊은 나이에 오감을 호리는 향락에서 벗어나지 못하는 정신의 소유자들이 이에 해당한다. 경건한 신심의 눈치만 보여도 질색을 하는 이들의 정신 상태로 종교를 논하는 것이 어찌 가능하겠는가? 방탕에 빠져 산만한 정신이 이르지 못할 곳은 또 어디란 말인가?

젊은이들은 어떤 불가해한 광기에 갑작스레 휩싸이는 모습을 보일 때가 있다. 튀어나오는 말은 제멋대로이기 일쑤고, 그 의도는 모호하고 부실한 데다 관심사 역시 가소로운 수준이다. 아마도 자기 주제를 망각한 나머지 격에도 맞지 않을뿐더러 창피만 키울 뿐인 세계 속의 어떤 역할에 무작정 매달리는 것이 아닌가 싶다. 자기들 집단에 속하지 않은 모든 것이 무시의 대상으로 보이고, 비난과 차가운 야유를 유발한다. 그 같은 괴이한 변화의 뒤를 잇는 것은 오만과 독선, 때로는 범죄 행위이다. 그러니 종교에 대해 진지하게 사고하고 발언하며 교훈을 얻는 것이 그만큼 어렵다는 건 불 보듯 뻔한 일이 아닌가! 그런 그들을 대상으로 현자의 말을 빌려 이런 꾸지람 정도는 해줘야 하지 않을까?

일찍이 성 엔노디오(6세기에 파비아에서 활동했다—옮긴이)께서 이르시길, "천편일률적인 침묵은 죄 많고 야만스러운 무지의 징표이니 부끄러운 줄 알지어다. 그대의 혀를 묶고 있는 그 사슬을 당장 끊어버릴지어다." 젊은 기독교인으로서 반드시 알아야 할 것은 모르고, 몰라도 그만인 것은 꼬박꼬박 챙겨 안다면, 이를 어찌 황당한 일이라 하지 않겠는가! 가톨릭 신자로서 신앙의 진리에 유식하기보다 젊은 이단자로서 오류에 더 유식하다면, 이를 어찌 창피한 일이라 하지 않겠는가! 신을 인식하고 사랑할 수 있도록 정신과 마음을 정성껏 연마해도 모자랄 나이에 헛되이 시간을 보낸다면, 그 모든 것을 깨칠 기회가 또 언제 온단 말인가!

지금까지 이야기한 내용으로 미루어, 종교에 관한 한 젊은이는 잘못된 말을 하든, 말이 너무 많든, 말이 별로 없든 비난받아 마땅할 극단적인 경향에 치우치기 쉽다는 걸 알 수 있다.

요컨대 종교에 대해 잘못된 말을 하는 태도, 말이 너무 많은 태도, 말이 별로 없는 태도, 이 세 가지 문제점에 주목할 필요가 있다. 사실 이러한 문제점들은 젊은이뿐 아니라 나이 지긋한 사람, 지체가 높은 사람과 낮은 사람, 지식이 많은 사람과 적은 사람 모두에게 공통적으로 해당된다. 따라서 젊은이에게 유용한 규칙들부터 거론해가며 남은 이야기를 마무리한 다음, 각 범주에 해당하는 사람들의 양태를 면밀히 살펴보는 것이 중요하다.

6

나쁜 말일수록
문에 가장 가까이 있다

젊은이들을 위한 조언

하나

방탕한 성향의 젊은이들이 종교에 관해 잘못된 발언을 하는 악습을 일삼을 경우, 그들은 우선 그 분야와 관련해 아예 입을 닫는 훈련부터 해야 한다. 그러지 않고 처음부터 종교문제에 그럴듯한 발언을 하길 바라는 것은 지나친 욕심이다. 그런 언어에 전혀 익숙하지 않을 테니 말이다. 침묵은 비교적 손쉬운 대책이며, 그런 젊은이들에게는 그 편이 훨씬 적절한 처방이다. 이는 '침묵보다 나은 할 말이 있을 때에만 입을 연다'는 침묵의 첫 번째 원칙에 정확히 부합한다.

젊은이들이 마음의 소리에 귀 기울이고 마음을 연마하는 일에 열중하면, 혀는 자연히 그 모든 것을 드러낼 수밖에 없다. 그러니 젊은이들은 처방해준 대로 침묵을 지키는 동안 솔로몬이 남긴 다음 말을 이해하도록 노력할 일이다. "정돈된 마음은 풍부한 지혜로 혀를 다스리고, 그것이 좋은 말을 하도록 가르친다." 그런 다음 종교에 관한 자신의 생각을 표출하고, 지난날 불경한 언설로 훼손한 것들을 변화한 자세로 바로잡으면 될 것이다.

둘

'말을 해야 할 때가 따로 있듯이 입을 다물어야 할 때가 따로 있다.' 이것은 말이 너무 많아서 잘못을 범하는 젊은이들이 주목해야 할 원칙이다. 이에 더해, 옛날 어떤 현명한 이교도가 그 같은 젊은이에게 베풀었다는 가르침은 되새겨볼 만한 가치가 충분하다. "자연이 그대에게 귀는 두 개를 주면서 혀는 딱 하나만 주었다는 사실을 명심하라. 이는 그대에게 입을 닫아야 함을 가르치기 위해서이며, 혀를 사용해 말을 하는 것보다 두 배는 더 많이 귀를 사용하라는 뜻이니라."

나는 그렇게 깐깐한 수준까지 요구할 생각은 없다. 다만 종교문제에 관해서만큼은 섣불리 말해서는 안 되는 경우들이 존재한다는 사실을 설득하고 싶을 뿐이다. 예컨대 다음 경우들이 대표적이다.

첫째, 이 장 서두에서 언급했다시피 묵상이라든가 순수한 깨달음으로 다가가는 진리란 종종 젊은이들의 능력 범위를 벗어나는 경우가 있는데, 이때는 그에 합당한 능력자의 가르침을 청해 잠자코 귀 기울이는 자세가 절대적으로 필요하다.

둘째, 교회 안에서 예민하고 까다로운 문제로 분쟁이 벌어질 때 젊은이들로서는 그에 관해 피상적인 지식밖에 갖추지 못한 경우가 있을 수 있다. 이를테면 난해한 논쟁 주제 같은 것 말이다. 일반적인 젊은이가 그런 문제를 놓고 전문가로서 발언하는 것은 좀처럼 기대하기 어렵다. 그 경우 누구든 혼란에 빠져 갈피를 잡지 못할 위험이 상존한다.

따라서 젊은이 입장에서는, 나이로 보나 성스러운 문제를 다루어본 경험 또는 능력으로 보나, 존중할 만한 사람을 상대할 때는 일단 말조심을 하는 것이 상책이다. 설령 의무적으로 침묵해야만 하는 상황이 아니더라도, 일단 귀부터 기울이는 것이 적절한 처신이다.

그렇다면 누군가는 다음과 같이 이의를 제기할지도 모른다. 경우에 따라 우리가 벙어리 바보가 되어야 할 상황이 있다는 얘기인가? 이에 대해 성 암브로시오(4세기 밀라노에서 활동한 교부—옮긴이)께서는 이렇게 답하신다(『성무론(聖務論)』 제1권, 3장). “그건 아닙니다. 여러분을 벙어리 상태로 몰아넣겠다는 뜻은

자연이 그대에게 귀는 두 개를 주면서

혀는 딱 하나만 주었다는 사실을 명심하라.

이는 그대에게 입을 닫아야 함을 가르치기 위해서이며,

혀를 사용해 말을 하는 것보다

두 배는 더 많이 귀를 사용하라는 뜻이니라.

결코 아닙니다. 절제와 비슷한 개념의 침묵을 말하는 겁니다. 이를테면 육류를 완전히 금하는 것이 아니라 시기와 양을 적절히 조절해가며 섭취하는 것과도 같습니다."

현인이 이르기를, "그대 입에 문을 만들어 달아라. 그대 입술을 멋대로 열어두느니, 차라리 보물이 가득 든 그대의 금고를 활짝 열어두어라. 훗날 비난받을지도 모를 말이 그 입에서 튀어나오지 않도록 조심하라."라고 했다. 「전도서」 28장에도, "너의 입에 빗장 문을 닫아걸어라(ori tuo facito ostia)."라는 말이 나온다. 원래 나쁜 말일수록 문에 가장 가까이 있기 마련이고, 좋은 말들에 섞여 밖으로 튀어나오기 일쑤다. 따라서 그 문의 열쇠는 지혜로 관리해야 하며, 필요할 때마다 문을 단단히 걸어 잠가야 한다. 우리가 툭하면 저지르는 잘못 중 하나는 너무 빨리, 많은 말을 한다는 점이다. 부적절한 말을 내뱉은 다음 그 말을 다시 삼키고자 할 때 우리는 괴롭기 짝이 없다. 그렇다고 해서 잘못 내뱉은 말을 거두지 않는다면, 그것은 벌받아 마땅한 죄를 범하는 것과 같다.

혀가 저지를지 모를 악행에 대비코자 다윗이 "주여, 제 입에 파수꾼을 세우시고, 제 입술의 문을 지켜주소서."(「시편」 140장 3절)라고 신께 간구했을 때 그는 결국 자신의 입이 자기 뜻대로 열고 닫을 수 있는 문과 같아지기를 바란 것이다. 요하네스 크리소스토모스(4세기 중후반에 활동한 기독교 교부—옮긴이)는 말하기를, "이성은 입의 열쇠와도 같아, 우리는 그것을 늘 상용해야 한다."라고 했다. 즉 말이란 적절하게 구사할 수 있을 때 입 밖으로 꺼내야 한다는 얘기다. 따라서 종교의 보편타당한 문제, 특히 풍속에 직결되는 진리를 거론할 경우 젊은이들은 자신의 연륜과 식견을 먼저 자성한 뒤 발언의 수위를 적절히 조절하는 것이 좋다.

셋

이제 세 번째 잘못인 '종교에 관해 말이 별로 없는 태도'와 관련해서 네 번째와 열두 번째 침묵하기의 원칙을 논할 때이다. 입조심을 강조하되, 덮어놓고 입을 닫는 것이 늘 무난한 태도일 수는 없다. 입을 닫아야 할 때 말을 하는 것이 경솔함과 무례함의 소치인 것 못지않게 말을 해야 할 때 입을 닫는 것 역시 나약하거나 생각이 모자란 태도일 수 있기 때문이다. 또한 '양식 있는 사람은 항상 말을 적게 하되 상식을 갖춘 발언을 한다'는 원칙도 이 대목에서 명심할 사항이다. 종교문제에서 말을 자제하는 것에는 기본적으로 동의한다. 단, 때를 가늠해 내뱉는 상식에 부합하는 수준의 발언까지 부정하는 것은 결코 아니다. 물론 능력과 식견을 갖춘 상대의 말부터 경청하자는 것이 조건이다. 누군가 무작정 아무 말도 하지 않는 잘못을 범한다면, 상대 또한 잘못된 발언을 일삼거나 말이 너무 많은 우를 범해도 제어할 방도가 없을 것이다. 말을 적게 하되 제대로 된 발언을 하는 것이 완벽한 태도임은 두말할 나위가 없다.

하지만 앞서 언급한 구속들을 과감하게 벗어던지지 못하고서는, 위의 대책들이 성공하기란 불가능하다는 것을 알아야 한다. 정신이 너무 산만한 탓이건 죄에 마음을 빼앗겼기 때문이건, 사사건건 그로 인한 구속이 발목을 잡을 테니 말이다. 요컨대 종교문제에서 자신의 혀를 제대로 다스리지 못하는 젊은이는 우선 자기 마음과 정신부터 다잡아야 한다.

7

혀를 다스릴 줄 모르는 부끄러움

나이 든 사람들의 태도에 대하여

하나

나이가 지긋한 사람들은 누군가가 자신을 상대로 무얼 가르친다거나 입을 닫고 여는 법을 깨우쳐주겠다고 하면 일단 심기가 불편할 것이다. 세상을 살면서 쏟아부은 세월이 그들에게는 남의 충고를 받아들이기보단 남에게 충고를 해줄 자격의 징표로 여겨지기 때문이다. 그들은 침묵을 유지하건 발언을 하건, 종교의 어떤 점에 치중해야 하는지 잘 안다고 자부한다. 단언하건대 나는 누군가에게 충고를 하거나, 가르침을 베풀 만한 사람을 상대로 나 자신이 그 역할을 자처하려는 생각은 추호도 없다. 그들의 연륜은 존경할 만하고, 미덕과 성실 면에서 타의 모범이 되는 그들의 현명함, 진중함, 사려 깊음을 마땅히 존중한다.

세상을 살다 보면

아직도 자신의 혀를 다스릴 줄 모르는

예순 살, 여든 살 먹은 아이와 마주치기도 한다.

그들은 나이 든 사람들이라서인지

앞서 논했던 것과 같은 내용의 잘못들을

조금은 다른 방식으로 저지른다.

그래서 더 큰 물의를 빚게 되는지도 모른다.

둘

다만 나이를 지긋하게 먹은 사람 중에서도 그동안 살아오면서 바람직한 일을 얼마나 이루었는지가 아니라 그저 나이와 흰머리로만 자신의 가치를 셈하려는 오류를 범하는 이가 종종 있음을 간과해선 안 된다. 그런 경우 입을 닫고 여는 법을 논하고 깨치는 일이 아주 쓸모없지는 않다.

셋

세상을 살다 보면 아직도 자신의 혀를 다스릴 줄 모르는 예순 살, 여든 살 먹은 아이와 마주치기도 한다. 그들은 나이 든 사람들이라서인지 앞서 논했던 것과 같은 내용의 잘못들을 조금은 다른 방식으로 저지른다. 그래서 더 큰 물의를 빚게 되는지도 모른다.

넷

이를테면 종교에 관해서 잘못된 말을 할 때, 나이 든 사람은 그만큼 파격의 정도가 더 심한 발언을 불사한다. 그들의 연령으로 보아 더욱이 양해가 되지 않을 발언이기 십상이다.

나이 든 사람이 종교에 관해 말이 많아지면, 대개 권위 의식을 앞세워 단호한 어조를 드러내기 마련이다. 필시 그들의 나이가 그런 태도를 부추기는 것일 텐데, 이야기를 듣는 상대방을 피곤하게만 할 뿐이며, 터무니없는 확신으로 거짓과 진실을 제멋대로 호도하기 일쑤다.

나이 든 사람이 종교에 관해 아예 입을 열지 않는 것은 깨친 게 워낙 없다 보니 그렇거니와, 주변의 비웃음을 살 만큼 무지가 심한 탓이라 해야 할 것이다. 조금은 다른 의미이지만, 세네카가 당대에 이런 말로 무지한 노인을 나무란 적이 있다. "어린아이의 초보적인 수준을 넘지 못하는 늙은이처럼 수치스럽고 비웃음을 받아 마땅한 존재는 없다."

다섯

어른이 젊은이의 문제점을 비판하는 것은 납득할 만하며, 나 역시 그들의 잘못된 점들을 다수 거론했다. 하지만 젊음이란 원래 욕심이 넘치기 마련이어서 언제든 실수할 가능성이 열려 있기에 그러한 비판에 대해 억울한 면도 없지 않다.

반면 지긋한 나이에 자기 혀 하나 제대로 조절하지 못하는 사람이라니! 그의 약해진 오감 기능이야 그렇다 치고 오로지 화법에 익숙한 이력이 그나마 내세울 법한데, 발언에 문제가 있어 입만 열면 자신의 무지를 드러내고 타락한 의중을 노출해서야 말이 되겠는가!

여섯

같이 연로한 사람들이 보기에도 닮고 싶을 만큼 하나의 완벽한 본보기로 제시되는 노인은 과연 무엇이 다른가? 예컨대 마카베오 형제들의 아버지(마타티아, 기원전 2세기. 유명한 유다 마카베오가 그의 셋째 아들—옮긴이)를 들 수 있다. 유대민족을 탄압한 안티오쿠스 치하에서 이 존경할 만한 인물의 카리스마 넘치는 말 한마디 한마디는 신심 깊은 이들에게 든든한 버팀목이 되어주었다. 아울러 유서 깊은 가문의 우두머리로서 그가 시작한 무력 항쟁은 이스라엘의 적을 공포로 몰아치기에 충분했다.

그는 선조가 남긴 유언과 신의 계율, 대대로 내려온 전통을 향한 신심 깊은 자세를 항상 입에 올리며 살았다. 일백마흔여섯 살에 이르러 숨이 끊어지기까지 명연설을 거듭했던 것이다. 결국 다섯 아들 모두가 그의 덕성과 장점, 열정을 고스란히 물려받아 대업을 이루었으니, 얼마나 대단한 아버지였던가!

일곱

물론 나이 지긋한 모든 이들이 신의 계율을 수호하기 위해 그처럼 무기를 들고 연설에 능할 필요는 없다. 다만 자기 입안의 혀만큼은 언제 어디서든 적절하게 다스릴 줄 알아야 할 것이다. 이제부터 논할 법칙들은 '양식 있는 사람은 항상 말을 적게 하되 상식을 갖춘 발언을 한다'는 침묵하기의 열두 번째 원칙에서 추출한 것으로, 그런 사람들에게 유용할 것이다.

8

나이에 상관없이 진실을 품어라

나이 든 사람들을 위한 조언

하나

나이 든 사람들은 무엇보다도 너무 많은 말을 해서 듣는 이를 피곤하게 만드는 것부터 피해야 한다. 늙어가면서 자기도 모르게 저지르는 잘못 중에는 말하기를 지나치게 밝히는 것도 포함된다. 이는 사도 성 야고보께서 내리신 지침, "인간은 듣기는 민첩하되 말하기는 더뎌야 한다."라는 말씀에 정면으로 위배되는 태도이다. 그와 관련한 비난을 피하기 위해서는, 조심성 있는 침묵을 우선시하는 수밖에 없다.

둘

자신이 익히 알고 있는 문제에 한해서만 입을 연다면, 종교에 관해서도 상식을 갖춘 발언만을 하게 될 것이다. 즉 모르는 문제를 만나면 미련 없이 입을 닫고, 나보다 많이 아는 이

나이 든 사람들은

무엇보다도 너무 많은 말을 해서

듣는 이를 피곤하게 만드는 것부터 피해야 한다.

늙어가면서 자기도 모르게 저지르는 잘못 중에는

말하기를 지나치게 밝히는 것도 포함된다.

의 말에 귀 기울이는 것을 전혀 수치스럽게 생각지 말아야 한다.

셋

젊은 사람들 앞일수록 조심성을 잃지 말아야 하며, 그 조심성은 존중의 수준으로까지 격상될 필요가 있다. 나이 든 사람의 입에서 내뱉은 과격하거나 불경스러운 말 한마디는 반듯한 사고를 갖춘 젊은이의 빈축을 살 뿐이나, 그 말을 접한 젊은이가 엇나간 정신의 소유자라면 무신론과 불신앙의 의미로 각인될 수도 있다. 듣는 사람에 따라 말의 무게가 달라져, 후자의 경우는 그 인상이 좀처럼 지워지지 않는 것이다.

넷

편견에 사로잡힌 일부 노인들은 자신의 마음에 드는 것만을 좋게 말한다든지, 어떤 사안과 관련해 좋게든 나쁘게든 자신이 인정한 사실에만 집착하는 태도 때문에 비난의 대상이 되곤 한다. 그런 점에서 노인들은 언어를 정제할 필요가 있으며, 어디까지나 진실을 추구하되 거기에 나이의 많고 적음은 무관함을 명심하는 편이 좋다.

누군가는 이렇게 말하기도 한다. “나는 새로운 것을 깨치기에는 너무 늙었어.” 제아무리 오래된 진실이라 해도, 노인에게는 자기 머릿속을 채우고 있는 익숙한 생각들 이외의 모든 것이 새롭게 느껴지는 법이다. 바로 그러한 생각들에 문제가 있을 수 있고, 그것을 격파하기 위해 구체적인 대처 방법을 적용할 필요가 있는 것이다. 그런 다음에야 비로소 노년에 걸맞은 성숙함과 지혜가 나서서 이해를 도모할 수 있다.

9

비겁하고 무심한 자의 언행

권세가들의 태도에 대하여

하나

지체 높은 사람들이 말이나 침묵을 통해 종교문제를 다루는 방식은, 그들에게 복종하는 힘없는 이들의 정신 속에서 종교 자체를 드높이기도 하고 욕보이기도 한다. 그들에게 예속되어 그들의 뜻에 복종하고, 그들이 부여하는 규칙을 따르면서 그들의 영향하에 살아가는 이들은 그들의 감정을 공유함으로써 그들처럼 판단하고 말할 것을 강요받는다. 결국 힘없는 이들은 자신을 다스리는 사람들의 기호를 알아서 가늠하여 자기들의 기호 역시 그에 맞춰 조절하게 된다.

둘

종교에 우호적인 입장을 엄숙히 밝히고 종교를 해칠 수 있는 모든 상황을 잠재우며, 그 자신 자중하는 태도로 귀감을 보인

군주들의 치하에서는 종교가 항상 화려하게 만개했다. 입법자로든 판관으로든 임금으로든 백성을 잘 다스리도록 신에 의해 점지된 이들의 처신은 종교를 얼마나 빛나게 해왔던가! 각종 신성한 문헌들은 그들의 발언을 충실히 담아낸 얘기들로 가득하다. 오늘날 읽어봐도 감동이 여전한 그 말들 앞에서 어찌 마음이 흔들리지 않겠는가!

로마제국 연대기는 콘스탄티누스와 테오도시우스가 신의 계명에 어떤 입장을 표했으며, 그것이 백성에게 어떤 본보기로 영향력을 미쳤는지를 우리에게 가르쳐준다(313년 콘스탄티누스 황제가 밀라노칙령으로 기독교를 공인했다. 380년 테오도시우스 황제가 니케아 신경을 공표하고 기독교를 국교로 규정했다—옮긴이). 프랑스의 역사 또한 그와 같은 실증적 사례를 제공하고 있다. 예컨대 남편인 클로비스에게 의지를 불어넣은 클로틸드의 신성한 설득 행위(기독교도였던 클로틸드 왕비는 클로비스 1세의 승전을 기도로 간구함으로써 496년 그와 프랑크왕국을 기독교로 개종시켰다—옮긴이)가 없었다면 이 왕국이 어찌 지금과 같은 종교를 누릴 수 있겠는가! 클로비스는 독일인과의 전쟁에서 중요한 승리를 거둔 뒤 기독교 신앙을 고백했고, 그로부터 기독교는 그가 다스리는 전 지역에 굳건한 기틀을 다졌다.

샤를마뉴의 열정 또한 이 종교의 확대 발전에 큰 역할을 해주었고, 성 루이는 그 지혜로운 칙령과 지시들을 통해 성스러운 의식을 유지, 신장하는 데 큰 공헌을 했다.

셋

세상을 관장하는 지체 높은 사람들의 사고와 행동, 발언은 그런 식이어야 한다. 그래야 그것을 본보기 삼아 밑에 있는 사람들의 사고와 행동, 발언이 가다듬어진다.

한편 교회를 관장하는 초기 목자들의 책무가 그보다는 협소했을지언정 결코 덜 중요했다고는 말할 수 없다. 박해 세력의 정책이든 광기든 아랑곳하지 않고 교회를 지켜온 이들을 우리는 매일매일 기리고 있다. 신앙을 향한 그들의 열정, 폭군과 사형집행인을 상대로 자신의 뜻을 당당하게 펼친 그 자유로움, 우상숭배의 유혹 앞에서 단 한 마디 말도 흐트러짐 없었던 결연한 태도가 마침내 순교자의 면류관으로 결실을 본 것이다.

넷

이처럼 위대한 행실과 발언으로 종교를 수호한 현자와 귀인들과 비교해, 종교를 욕보이는 자들의 잘못된 언행은 과연 어떠한가?

종교에 관해서 무관심하거나 애매한 소견으로 얼버무리는 권력자, 모처럼 발언을 해도 경시하는 투가 역력하거나, 민중을 제어하고 군림할 한낱 정치적 수단쯤으로 여기는 권력자를 우리는 어떻게 생각해야 할까? 종교를 지극히 인간적인 차원으로 끌어내리거나 애매모호하게 얼버무리는 태도는 결코 종교와 관련한 적절한 언행이라 볼 수 없다. 종교를 경시하거나 조롱을 섞어 언급하는 태도는 '말이 많은' 것이자 '잘못 말하는' 태도에 속한다. 권력을 가진 지체 높은 자들의 이러한 태도는 적에게는 공격의 빌미가 되고, 그에 예속된 힘없는 이들에게는 마음의 황폐함을 초래하고 만다.

하긴 비겁하고 무심한 지상의 권력자들이 신 앞에 나아갈 때에 그 어떤 역겨운 변명인들 늘어놓지 못할까! 인간의 위대함을 일거에 사라지게 하고, 감히 당신에 맞서는 권력일랑 한순간에 허물어뜨리는 주의 심판날에 저들은 과연 어떤 대답을 준비할 것인가!

특히 성직자들의 경우 만에 하나 신의 계명에 대한 입장 표명에서 그와 같은 불찰을 빚는다거나, 여러 교의와 의식에 관해 툭하면 잘못된 발언을 일삼고 속세에 난무하는 온갖 신성모독의 담론에 동조한다면, 그 이상 통탄할 일이 없을 터! 성 히에로니무스(기독교 4대 교부 중 한 명이다. 70인 역 그리스어 성서를 히브리어 원문과 대조하여 최초로 라틴어로 번역했다—옮긴이)는 이렇게 말씀하셨다. "성직자는 자신의 내면을 종교적 진리로 가득 채울 의무뿐 아니라 외면을 통해서도 신성한 진리를 드러낼 책임이 있다. 즉 말과 행동 모두가 한결같이 살아 숨 쉬는 지혜의 가르침이 되어야만 하는 것이다."

그런가 하면 예언자 에제키엘은 주의 말씀을 이렇게 전하고 있다. "사람의 아들아, 내가 너를 이스라엘 집안의 파수꾼으로 세웠노라. 만약 네가 불경한 자에게 자기 의무를 다하도록 설득하지 않아 결국 그 불경한 자가 파멸한다면, 나는 그의 영혼이 파멸한 책임을 너에게 혹독히 물을 것이로다."

성 베드로 '크리솔로고'(5세기 전반에 활동했다. 라벤나의 주교로 뛰어난 설교가였기에 '황금언변'이라는 별명을 얻었다—옮긴이)는 또 이렇게 얘기한다. "소위 영혼의 목자라는 사람이 예수 그리스도의 복음 전파에 바쳐진 입을 격에 맞지 않는 언설로 혹사하면서 하찮은 일에나 열중하는 꼴을 목도한다는 것은 분명 참담한 일이다."

그렇다. 자고로 성스러운 존재들은 교회 운영을 맡은 성직자들을 대상으로, 적절치 못한 문제에는 입을 다물고 신의 계명에 대해서는 마땅한 발언을 해가며 말의 직무를 올바르게 수행할 것을 꾸준히 가르쳐왔다. 그런데 자신의 직분에 충실한 성직자들이 여럿일지언정 그렇지 못한 경우가 아예 없을까?

그리하여 당대 교회를 대표하는 성직자들에게 성령과 더불어 이렇게 당부하고 싶다. '세상의 옳고 그름을 판단하는 고결한 존재들이여, 당신들의 의무를 깊이 새기도록 하시오. 적절히 침묵을 지켜가며 참다운 발언을 하기 위한 지침들을 위반하지 않도록 특별히 유념하시오.'

10

오직 자신만이 입 다물게 할 수 있다

권세가들을 위한 조언

지상의 권력자여, 그대가 누구로부터 그 권력을 얻었는지를 기억하라. 우주를 주관하는 지고한 존재께서 당신 영광을 드러내기 위해, 또한 그대가 다스릴 인간들의 안녕을 위해 권력을 맡기셨으니, 겸허한 침묵 속에서 그분을 떠받들라!

겸허한 침묵이야말로 성스러운 것들을 입에 올림에 반드시 신중을 기할 것을 그대에게 가르치리니. 그대의 태도는 신중함을 넘어 극도의 조심성에까지 이르러야 한다. 깊이 숙고한 뒤에야 입을 열라. 그대가 마음에 품은 그 어떤 생각도 사소하지 않을 터. 그 모두가 주목의 대상이요, 그 모두에 결과가 따르리라.

신의 계명과 종교적 의례, 그대가 이해하지 못할 신비를 두고 제멋대로 혀를 놀릴 바에는 차라리 영원한 침묵 속에 그대 자신을 가두라.

깊이 숙고한 뒤에야 입을 열라.

그대가 마음에 품은 그 어떤 생각도 사소하지 않을 터.

그 모두가 주목의 대상이요,

그 모두에 결과가 따르리라.

신을 가벼이 여기고서 무사한 이 없음을 명심하라. 그분께선 그대가 망동하는 바로 그 자리에 벌을 내리시리니, 딴에는 재기 부린답시고 허튼소리를 지껄이는 순간 그대의 권위는 빛을 잃고, 평상시 그대를 우러르던 이들이 한꺼번에 고개를 돌릴 것이다.

옛날 시칠리아를 다스리던 폭군은 신들에 대한 조롱 섞인, 불경스러운 언행을 늘 달고 다녔다고 한다. 하루는 그가 주피터 상에 걸쳐 있던 묵직한 금빛 망토를 끌어내리더니 이렇게 말했다. "이 망토, 겨울에 걸치기에는 너무 춥고 여름에 걸치기에는 너무 무겁군그래!"

그런가 하면 신들의 조각상을 장식하고 있던 종려 가지와 왕관, 술잔들을 하나하나 뜯어내면서 이렇게 말했다는 것이다. "신들이 내게 선사하는 것이니, 내 기꺼이 접수하노라……." 이 군주의 어설픈 재담은 그렇게 후대로 전해졌으니, 비록 망상이 빚어낸 우상들이라 극진한 대접까지 할 필요는 없었다 해도, 그 모든 농지거리에 사람들은 실소와 혐오를 금치 못한다.

그러니 그대 자신을 경계할지어다. 혀를 놀리기에는 감정이 지나치게 고양된 상태임을 자각하는 것만으로도 종교를 섣불리 거론하려는 욕구를 자제할 수 있으리라. 누구도 감히 나서서 그대에게 침묵을 강요하지는 못하리라. 오로지 그대 자신만이 그대를 입 다물게 할 수 있을 뿐.

자기 생각만 해서 말과 침묵을 다루는 것으로는 부족하다. 나 아닌 다른 사람들, 특히 그대가 권위를 행사할 수 있는 이들을 위해서도 말과 침묵을 적절히 다룰 줄 알아야 한다. 예컨대 그대를 따르는 사람들이 종교와 관련해 망언을 할 경우, 그대의 침묵이 동조하는 뜻으로 받아들여지게 방치해서는 안 된다. 그대의 미소, 표정 하나가 저들로 하여금 자기들 망언이 그럴듯했다고 착각하게 만들어, 더더욱 잘못된 방향으로 내몰 수도 있다. 그러니 그대는 혀가 아니라면 얼굴이라도 적극적으로 말하게 하라. 자고로 현자의 침묵은 표정이 풍부한 법이니, 미진한 자에게는 가르침이 되고 과도한 자에게는 응징이 되어준다.

상황과 상대에 따라 '무시의 침묵'이 적절한 대응책인 경우도 있다. 특히 아첨을 일삼는 자들, 이해득실을 계산하기에 바쁜 자들로 둘러싸인 상황에서는 그런 대응책이 요긴할 때가 적지 않다. 더군다나 그들이 교회의 금도를 어겨가며 불경한 사상을 들먹이고, 사제들을 함부로 모함할 만큼 신에 대한 경외심을 상실했다면, 굳이 말로 책망하기보다는 노골적인 침묵으로 대응하는 것이 그들에게는 훨씬 더 아프게 각인될 것이다. 아랫사람으로서 무릇 지체 높은 분의 호감과 호의만큼 달콤하고 뿌듯한 선물이 또 어디 있으랴. 하물며 그런 분의 차가운 냉대나 곱지 않은 시선에 맞닥뜨린다면 마른하늘에 날벼락이 따로 없을 터. 종교적 기강을 바로 세우기 위해서나 백성의 안녕을 위해서나, 그대가 취해야 할 태도가 거기에 있다.

11

단순과 무지로 잘못을 범하는 천성

민초들의 태도에 대하여

✻

여기서는 종교에 관한 민초들의 발언 태도를 살펴보기로 한다. 지체 높은 사람의 언행이 아랫사람에게 하나의 본보기로 작용한다는 것은 이미 언급했다. 그런데 아무리 좋은 본보기 혹은 나쁜 본보기를 제시하든, 민초들은 그들 나름의 독특한 행동 양식을 따를 때가 있다는 것 또한 사실이다.

일반적으로 말해, 각양각색의 잡다한 인간들로 구성된 민초라는 틀 속에서 종교문제를 논할 때 우리는 여러 가지 문제점에 봉착할 수 있다. 예컨대 교양의 미비, 무식, 오류, 미신 그리고 불경스러움 등은 민초의 일상에서 흔히 목격되는 결함들이다. 이 중 교양의 미비 혹은 무식은 종교에 관해 할 말이 별로 없는 상태를 초래하는 주범이다. 이와는 반대로 오류 혹은 미신은 말이 너무 많은 상태를 초래하고, 불경스러움은 잘못된 말을 내뱉게 한다.

나는 이쯤에서 어리석고 무식한 민초의 모습 그대로, 앞에서 언급한 결함들을 묘사해낼 수 있을지 자신이 없다. 이를테면 무얼 말해도 그저 어리석고 무식한 표정만 멀뚱하니 짓고 있는 사람을 한번 상상해보라. 당신은 그들에게 종교에 관한 이야기를 하고, 그들의 신앙이 어떠한지 물어본다. 그럼 그들은 하늘만 쳐다보거나 땅만 물끄러미 내려다보며 어떻게 대답해야 할지 몰라 당혹스러워할 것이다. 당신은 계속 몰아붙이면서 그들이 기독교도인지, 유일신인 하느님을 믿는지, 아니면 여러 신을 섬기는지를 캐묻는다. 그조차 헷갈리곤 하지만, '예'와 '아니오'가 무지한 민초의 능력 범위 안에 있는 논리적 용어의 거의 전부다. 이쯤 되면 당신의 가슴에 연민의 감정이 틈입해도 이상할 것이 없다. 마침내 당신은 민초를 교육하는 일에 착수한다. 그는 귀 기울여 듣는다. 혹은 듣는 것처럼 보인다. 당신은 그가 반드시 알아야 할 진리를 설명하기 위해 알아들을 만한 표현들을 애써 동원한다. 그러다 보면 당초 이해시키고자 했던 내용을 이 정도면 알아들었겠구나 싶은 때가 온다. 그래서 확인을 해본다. 결과는, 여태껏 벽을 보고 혼자 떠든 것이나 다름없다!

민초의 정신세계를 기필코 파고들겠다며 새로운 작전을

펼친다고 치자. 이번에는 복잡하게 애쓸 것 없이 같은 말만 여러 번 되풀이한다. 마지막으로 당신이 던지는 질문에 돌아오는 건 그래봐야 몇몇 황당한 대답뿐이다.

만만한 어리석음이 아니다! 그 정도가 어떤지 가늠하기란 쉬운 일이 아니다. 보통은 교육의 미비 때문인데, 게으름도 한몫하거니와 묻고 배우는 것 자체를 쑥스러워하는 탓도 없지 않다. 물론 그 어느 것도 납득할 만한 핑계가 되지는 못한다.

오류라든가 미신은 이와는 조금 다른 의미의 결함이다. 이런 결함은 종교에 관해 열정적으로, 종종 너무 많은 말을 내뱉게 만든다. 하지만 언제나 잘못된 생각을 바탕으로 한 발언이며, 그 발언을 악착같이 옹호할 각오까지 항상 되어 있다. 이러한 패악의 결과는 제멋대로인 자기만의 견해에 고집스레 매달리거나, 잘못 이해한 종교 예식에 유독 집착하는 태도로 나타난다. 종교라는 이름 자체에 의식이 얽매이는 터라 무지한 민초는 거짓인지 진실인지 구분하지 못하는 것을 무턱대고 옹호하려는 입장이며, 이 같은 성향은 민초의 태생적 근원으로까지 거슬러 올라갈 만큼 그 뿌리가 깊다. 그 때문에 끔찍하기 짝이 없는 미신이라든가 어처구니없는 오류를 떠받든 사례가 시대를 막론하고 넘치는 것이다. 옛날 여러 거짓 신들에게 제물로 바쳐진 아이들을 행복하다 말하고, 화관을 쓴 채 절벽에서 바다로 내던져진 노인들의 희생을 귀감으로 삼는가 하면, 바쿠스의 제단 앞에서 갈가리 찢겨 죽은 처녀들의 영광을 운운할 수 있었던 것도 바로 그런 연유에서다.

세계의 주인이자 정복자임을 자부하는 로마 시민도 한낱 짐승의 내장을 검사하고, 새의 비행을 연구하며, 닭의 모이 먹는 방식 따위를 관찰함으로써 신들의 의도를 파악하고 나라의 대사를 가늠했다.

민초란 구체적인 의식이 마음에 들면 그 어떤 악습도 떠받들기 마련이다. 반면 기독교도라면 결코 그 같은 패악을 용납해서는 안 될 것이다. 그들이 모시는 신은 나면서부터 오로지 진실한 마음에서 우러나는 경배만을 받고자 일체의 허례허식을 혁파한 존재이다.

그런데 민초들 중에는 일정한 장소에서 일정한 기간 동안 일정한 기도를 바치는 데 집착하는 신자들이 적지 않다. 그들은 기이한 신심이 빚은 특정 의식을 고집하느라 종교의 본질보다는 형식을 더 선호한다. 따라서 구체적인 예식을 수정하고 악습을 뜯어고치느니, 차라리 종교 자체를 바꾸고 싶어 할 정도다. 그것이 바로 단순과 무지로 잘못을 범하는 민초의 천성이라 할 수 있다.

격정에 휘둘리는 민초의 무모함이야말로 그 어떤 경우보다 대책이 시급하다. 특히 파벌 간 분쟁이 벌어질 때 그 폐단이 가장 두드러지게 나타난다. 이단에서 비롯하는 모든 죄가 바로 거기에 있다. 보통은 무신앙적 사상으로 타락했거나 오만하고 혼란스러운 정신의 난동 속에서 이단이 발흥한다. 이는 곧바로 민초들 가운데 퍼져나가면서 선동적이고 불온한 담론과 각종 파벌들, 법을 무시하는 행태를 통해 세력이 성장하고 유지된다. 독립성이 강한 무리들끼리 서로 상대의 종교에 대해 폭력과 야유, 멸시를 퍼붓는 가운데, 정작 실속은 신의 계명이 아닌 다른 것에 눈독을 들이는 자들이 차지한다.

권위와 공덕을 두루 갖춘 사람들이 아무리 나서서 설득해봐야 그런 반도(叛徒)들이 본분을 되찾기는 여간 어렵지 않다. 그들은 권위에 도전하여 저마다 목소리를 높이고 저항하면서, 혼란스러운 국면을 악용해 각자가 요구하는 것을 얻어내고자 한다. 계명을 받아야 할 때 스스로 계명을 규정한다. 한번 오만무도해진 민초는 자신이 그 안에서 나고 성장해온 종교에 대항해 반기를 드는 행위가 마치 신을 위해 바람직한 과업인 것처럼 생각한다. 실제로 여러 세기에 걸쳐 그런 일들이 있어왔는데, 특히 지난 세기 저 북쪽 나라에서 벌어진 사건(청교도혁명과 명예혁명을 통한 영국의 프로테스탄티즘 확립을 뜻한다—옮긴이)이 대표적이다.

이제 민초의 여러 가지 잘못된 행태와 관련하여 그들이 지켜야 할 본분을 제시하도록 하겠다.

12

말을 하는 것보다
입을 닫는 것이 덜 위험하다

민초들을 위한 조언

민초의 정신세계가 극히 한정되어 있긴 하나, 신의 계명에 대해 알아야 할 것과 관련하여 대답할 능력이 없다고 스스로 단정할 필요는 없다. 이치에 어긋나는 말을 하기보다는 차라리 입을 닫는다고 해서, 즉 1장에 제시한 두 번째와 세 번째 원칙 뒤로 숨는다고 해서 그를 비난할 생각은 전혀 없다. 다만 그것이 자신의 어리석음에 안주하는 태도여서는 안 된다는 얘기다. 민초의 정신 능력이 아무리 빈약하다 해도 의지만 있다면, 자신의 신앙을 이해하는 정도의 교육은 충분히 받을 수 있다. 요컨대 구원을 향한 욕망과 꾸준한 공부, 종교의 본질에 대한 열정만 갖춘다면 언행을 어찌할 것인가는 능히 터득해 깨칠 수 있는 문제다.

보다 심각한 것은 그 정신이 미신에 사로잡힌 경우다. 자기만의 감정에 사로잡혀 모든 이를 지치게 만들던 고집불통

침묵을 지킴으로써

차라리 무지한 사람으로 취급받든,

격앙된 상태로 입을 열어

화가 나거나 정신 나간 사람으로 몰리든,

결국 정신을 가다듬고 혀를 단속하는 것이

이득이라는 얘기다.

의 어느 괴팍한 사람을 두고 한 말을 이 경우에 적용해볼 수 있겠다. "그 사람 하는 얘기를 바꾸려면, 먼저 그 사람 머리를 바꿔야 해!" 그 비결은 나도 모른다. 내 대책이 거기까지는 미치지 못한다. 그래도 주의를 기울여 잘만 명심하면, 미신에 사로잡힌 경우에 제법 쓸 만한 비책이 하나는 있다.

'일상생활에서 가급적 침묵을 지키기 위해 꼭 필요한 조심스러움은 달변의 재능이나 적성에 비해 결코 평가절하할 만한 것이 아니다. 아는 것을 말하기보다는 모르는 것에 대해 입을 닫을 줄 아는 것이 더 큰 장점이다.' 다름 아닌 아홉 번째 원칙으로, 미신의 문제와 연관시켜 따져볼 여지가 많은 내용이다.

미신이라는 것이 워낙 터무니없는 가짜 숭배인 만큼, 무지와 뗄 수 없는 관계에 있는 것만은 분명하다. 따라서 미신에 사로잡힌 정신은 모르는 것에 대해, 아니 적어도 안다고 믿는 것의 절반 이상에 대해서는 입을 닫을 줄 아는 미덕을 실천할 필요가 있다. 미신에 사로잡힌 사람들 역시 딴에는 종교적 의식과 선행을 통해 신을 모시려는 목적으로 입을 여는 것일 터, 기독교적인 삶의 언행에서는 입을 닫을 줄 아는 신중함이 미신적인 발언의 열정 이상으로 값진 미덕임을 깨달아야 할 것이다.

미신에 사로잡힌 민초들 간의 모든 대화는 그 당사자가 종교에 대해 품고 있는 헛된 생각과 나약한 마음을 유지하는 데 도움이 될 뿐이다. 물론 누구나 신성한 주제를 두고 이야기할 수 있고, 그리하는 것이 적절할 때는 언제든 그런 이야기를 해야 한다. 하지만 미신이 개입할 경우에는 매우 조심해야 하며, 자신보다 지혜롭고 총명한 이와 더불어 충분히 겸허한 정신적 자세를 갖추고서 대화에 임해야 하는 것이다. 이처럼 조심스러운 자세는 오류에 머문 자들에게도 마찬가지로 절실하다.

나는 침묵하기의 열한 번째 필수 원칙으로 이런 내용을 꼽았다. '사람들은 보통 말이 아주 적은 사람을 별 재주가 없는 사람으로, 말이 너무 많은 사람을 산만하거나 정신 나간 사람으로 생각하기 쉽다. 따라서 말을 많이 하고픈 욕구에 휘둘려 정신 나간 사람으로 취급받느니, 침묵 속에 머물러 별 재주 없는 사람으로 보이는 편이 낫다.' 미신이란 일종의 광기다. 미신에 침윤된 사람들은 그로부터 각자 자신에게 필요하다 싶은 내용을 취할 것이나, 나는 그 원칙을 특별히 성질 급하고 무모한 민초를 대상으로 내세운 것이다. 그들에게는 깊이 숙고하는 일 따위는 있을 수 없다. 그들의 무모함은 거의 광기 수준이다. 말을 하면 할수록 광기가 고개를 든다. 따라서 대책이 반드시 필요하다. 침묵을 지킴으로써 차라리 무지한 사람으로 취급받든, 격앙된 상태로 입을 열어 화가 나거나 정신 나간 사람으로 몰리든, 결국 정신을 가다듬고 혀를 단속하는 것이 이득이라는 얘기다. '일반적으로 볼 때 말을 하는 것보다 입을 닫는 것이 덜 위험하다는 점은 분명하다.' 아무리 무모하게 설쳐봐야 머지않아 벽에 부딪쳐 주춤하고, 압도적인 힘 앞에서 수그러들기 마련이다.

요컨대 성향과 기질에 관계없이 자신을 가르치는 것에 대한 존경심과 따르려는 욕구, 열정, 자기보다 뛰어난 사람들의 말에 귀 기울이는 마음이야말로 혀를 잘못 놀리는 모든 패악을 단속할 가장 확실한 대책이라 하겠다.

II.

글과 침묵

서론

글을 통해 자신을 표현할 때

앞서 살펴본 대로 잘못된 말을 하거나, 말을 너무 많이 하거나, 말을 충분히 하지 않는 것 모두가 흔히 부딪치는 발언상의 문제점들이다. 나는 그와 같은 비중으로, 이번에는 글에 초점을 맞춰 이야기를 풀어나갈 것이다. 즉 우리는 잘못된 글을 쓰거나, 이따금 너무 많은 글을 쓰거나, 때로는 충분히 글을 쓰지 않는다. 이미 혀를 잘못 놀리는 행태를 놓고 여러 이야기를 늘어놓았으므로, 펜을 잘못 놀리는 행태를 두고 펼쳐 보일 앞으로의 이야기가 그리 어렵지는 않을 것이다. 물론 나는 도서관을 가득 채우고 있는 글들에 관해 이 자리에서 어쭙잖게 긴 비평을 시도할 생각은 추호도 없다.

단, 잘못된 글을 쓰거나 너무 많은 글을 쓰는 상당수 저자들에게 침묵이 꼭 필요하리라는 생각만큼은 곱씹어볼 만하다. 아울러 완고하고 꼼꼼한 나머지 침묵을 지나치게 좋아하

우리는 잘못된 글을 쓰거나,

이따금 너무 많은 글을 쓰거나,

때로는 충분히 글을 쓰지 않는다.

는 작가들의 경우, 중요하고 현명한 가르침을 지금보다 더 자주 대중에게 베풀어준다면 그보다 유용하고 좋은 일이 없을 것이다.

이상 언급한 세 부류의 저자들과 관련한 진실들을 규명하려다 보니 문득 다음과 같은 생각이 든다. 이번 논의는 마치 세상의 작가들을 상대로 전반적인 개혁을 시도하는 것과 같다는 생각 말이다. 지극히 엄밀하고 꼼꼼한 조사부터 착수해야 할 텐데, 그것이 마치 나라의 식수에 독을 푼 자들을 소탕한다든지, 화폐를 위조하려는 자들을 일소하는 작업처럼 느껴진다. 죄지은 저자들이 어디 한둘이겠는가!

일단 세상 전체를 대상으로 하기보다 범위를 한층 좁혀 접근해보도록 하자. 대중의 눈앞에 적나라하게 진열된 거대한 건물로 저자들이 들어간다고 가정하는 것이다. 광활하고 호화로운 도서관의 첫인상은 놀랍기만 하다. 국적, 나이, 성별, 성향에 관계없이 무수히 많은 저자들이 도열해 있는 광경! 제각각 지적으로 정리되어 적절한 장소에 배치되어 있다. 활동했던 시대별로 혹은 다루었던 주제별로 구분된 상태. 그대가 묻고자 할 때 언제든 나서서 모국어로든 번역어로든 대답해줄 준비가 되어 있다.

말 잘하고 글 정확히 쓰는 법을 가르쳐줄 학문의 지혜로운 해결사들을 그곳에서 만날 수 있다.

웅변과 시, 자연, 시간, 천체에 관한 지식, 세계 방방곡곡의 풍습과 문화에 관한 이해의 대가들이 포진해 있고, 여러 영웅들과 지도자들, 국가 관리들은 당대의 기발한 군사작전들과 제국에 은밀한 혹은 공공연한 변화를 가져온 기획들을 전수해주기 위해 벼르는 중이다.

그런가 하면 이단에 맞서 종교를 수호하려는 일념뿐인 교부들, 학자들, 주석가들, 나아가 성인들이 시대를 막론하고 능력과 열정을 다해 신의 계명을 가르치고 널리 전파하는 작업에 매진해오고 있다.

과연 위대하고 존엄하며 거룩한 장관이 분명하다. 그럼에도 나는 처음에 언급한 문제로 되돌아가지 않을 수 없다. 즉 우리는 종종 잘못된 글을 쓰고, 이따금 너무 많은 글을 쓰며, 때로는 충분히 글을 쓰지 않고 있다.

1

독자를 나락으로 이끄는 '잘못된 글쓰기'

온갖 악서(惡書)를 상대로 싸우거나 뜯어고치는 작업이 걸출한 문필가의 숙제 중 일부가 된 것은 어제오늘의 일이 아니다. 세상에 널린 온갖 풍자문들, 거짓 기록들, 과도한 평문들, 무의미한 짜깁기 글들, 파렴치한 콩트들, 그리고 종교와 풍속을 해치는 여러 저작들이 내가 일반적으로 '잘못된 글쓰기'라 부르는 행위의 결과물들이다. 반면 이러한 성향의 일부라도 보이는 저자는 절대 입장할 수 없는 서가가 있다.

지혜롭고 꼼꼼한 현인들은 사람의 정신과 마음을 타락시킬 따름인 저작들을 결코 그들 집 안에 들이지 않는 법이다. 자신의 처지나 직업상 어쩔 수 없이 그런 책들을 일부 소장할 수밖에 없는 경우도 있긴 한데, 어쩌다 책을 펼쳐볼 허약한 독자들에게 그 책의 해악을 콕 집어 알려주기 위해서라든가, 거기 담긴 주장에 조목조목 반박할 준비를 갖추기 위해서이다. 물론 그럴 때조차 별도의 감옥에 죄수를 분리 수감하듯 그런 저자들을 따로 구분해 종교와 풍속의 질을 높이는 데 공헌한 저자들과 섞이지 않도록 주의한다.

한번은 자상한 성격을 가진 어느 분이 흥미진진한 역사 서적으로 빼곡히 들어찬 서가의 한쪽 선반을 가리키며 내게 "여기가 바로 이 세상입니다."라고 말했다. 그는 또한 경건한 내용의 종교 서적들이 정렬된 다른 쪽 선반을 가리키더니 "이곳은 천국이지요."라고 말했다. 마지막으로 그가 가리킨 곳은 이교적이거나 불온한 내용이 담긴 책들로 채워져 열쇠로 잠그기까지 한 선반인데, "이곳이 바로 지옥입니다."라고 소개하는 것이었다.

결국 글쓴이 가운데서도 글로 다루는 주제나 소재가 불온해서든, 글 쓰는 자의 정신세계 자체가 타락해서든, 아니면 그 둘 다로 인해 글 전체가 몹쓸 내용으로 전락해서든 사악한 부류는 있기 마련이다.

2

모든 생각을 쏟아내는 '과도한 글쓰기'

이것은 글 쓰는 이들이 저지르는 두 번째 잘못이다. 세 번째 잘못된 행태로 넘어가 대책을 구하기 전에 반드시 이를 살펴보아야 한다. 우리는 너무 많은 글을 쓴다. 쓸데없는 글을 쓴다. 아주 좋은 내용이라도 지나치게 미주알고주알 글로 풀어내는 것은 문제다. 신의 섭리에 따라 인간에게는 그 전모를 깨치는 것이 허락되지 않는 분야까지, 정신에 주어진 한계를 무시해가며 닥치는 대로 글을 쓴다. 설사 재능이 있다고 해도 정당한 소명을 갖추지 못하면 스스로 자제해야 마땅한 주제를 놓고 무모한 글쓰기를 이어간다. 이상 비난받을 만한 모든 과도함에 대해서는 이 자리에서 충분한 시간을 두고 검토해봐야 한다. 그리하여 글을 통해 자신을 적절히 표현하기 위한 원칙들을 도출해낼 것이다.

하나

쓸데없는 글을 쓴다.

이것은 주로 판단력이 치밀하지 못한 저자들이 범하는 잘못이다. 이들은 결단을 내릴 줄 모르고, 어느 정도 쓸모 있는 소재를 고르는 요령이 턱없이 부족하다. 어떤 저자가 모처럼 새로운 글을 쓰기로 했다. 그렇게 해서 펴낸 것이 『카이사르 전쟁기』이고, 연이어 『테오도시우스 대제 전기』 등을 펴냈다면, 그런 책들은 이미 좋은 필치로 우리 수중에 있지 않은가! 흡족한 수준으로 갖춰져 있는 문헌들을 그보다 못할 걸 무릅쓰고 다시 펴내다니, 무슨 헛고생인가!

학식이 풍부한 어떤 이가 대중을 위해 글을 쓴다고 치자. 그는 이런저런 기획을 하고 사고를 발전시켜 뭔가 특별한 것을 고안한다. 그렇게 해서 바로니오의 『연대기』(16세기에 활동한 교회사가 체자레 바로니오 추기경이 루터파의 『막데부르크 세기사』에 대항해 집필한 12권 분량의 역사서—옮긴이)라든가 성 아우구스티누스의 『신국론』을 운문으로 고쳐 펴낸다. 어째서 산문 그대로 놔두지 않는가? 그 문헌들은 있는 그대로 매우 탁월하고, 지혜로운 세상은 그로써 만족하고 있다. 도대체 그런 식으로 얼마나 많은 저작물이 쏟아져 나오고 있는가!

말을 하기 위해 말을 하는 사람들이 있듯이, 글을 쓰기 위해 글을 쓰는 사람들이 있다. 그런 사람들이 하는 말이나 글을 살펴보면 재능도 의지도 전혀 느껴지지 않는다. 글을 썼으니 읽긴 읽되, 거기서 깨치거나 배울 점은 아무것도 없다. 글 쓰는 사람 자신도 스스로 무슨 글을 썼는지 이해하지 못한다. 그러면서 왜 글을 쓰는가? 이렇듯 소재를 잘못 선택하거나 아무 의미 없는 자세로 글을 씀으로써, 쓸모없고 무가치한 책들이 세상을 가득 채운다. 누군가가 말했듯이 무언가 좋은 점이 없는 책은 없는 법이다. 하지만 쓸모 있는 무언가를 제공해주지 않아 사람 손때 한번 묻혀보지 못한 채 서가마다 쌓여 있는 책이 대체 몇 권인가? 어엿한 2절 판형 책으로 묶여 나오고도, 그럴듯한 내용은 그나마 뜻하지 않게 섞여 들어간 한두 쪽에 불과해 지루한 책장을 한참이나 뒤져야 겨우 만나는 경우는 또 얼마나 허다한가! 좋은 책, 흥미로운 책이란, 전혀 읽지 않거나 지루함을 무릅써가며 억지로 읽는 책들에서 추출해낸 단 한 권 분량의 지혜인 것을! 그런 저작물은 당당한 판형의 책 두 권 정도로 충분할 것이며, 그 안에는 진정 자신만의 쓸모 있는 글을 풀어낸 저자들의 사고가 압축된 형태로 담길 터다. 그때 비로소 우리는 아주 소박한 서가이지만 매우 풍요롭고 중요한 도서들을 비치하여, 평생을 두고 거듭 그것을 애독하는 즐거움을 누릴 수 있으리라. 어차피 읽어야 할 몫은, 수많은 책에서 극히 적은 분량으로 추출해낸 몇 권에 불과할 테니까.

원래 좋은 글을 쓰는 이는 꿀벌과도 같아 자신은 물론 인간 모두에게 유익한, 매우 섬세하고 소중한 작업에 매진한다. 그런데 지금 내가 이야기하는 '글 쓰는 이'는 자기 자신에게도 다른 사람에게도 별로 도움이 되지 못하는 존재인 것 같다. 그래도 책이라는 걸 써낸다고 항변할지 모르겠다. 내가 보기에는, 책을 써낸다고 믿으며 소중한 시간을 낭비할 뿐 종이만 잔뜩 못 쓰게 만드는 것에 불과하다. 굳이 더 힐난할 필요도 없다. 그런 사람은 글쓰기 이전의 자신에서 한 발짝도 벗어나지 못한다. 그것이 바로 불량한 소설 나부랭이나 휘갈기고 시시한 시구나 끼적이는 자들의 운명이다.

그래도 스스로 작가라며 자위하는 건 어쩔 수 없다. 왜 아니겠는가! 하지만 그런 하찮은 작자들의 즐거움이 오래가지 않으리라는 것을 대중은 알아서 느끼게 해준다. 책 광고만 보고도 대중은 세상이 필요로 하지 않는 노작과 일꾼을 무시해버린다. 여기서 잠시 어느 박식한 문필가의 얘기에 귀 기울여 보자. 케를롱 선생(18세기에 활동한 평론가이자 저널리스트, 출판인—옮긴이)은 매일같이 자잘한 소책자들로 우리를 성가시게 만드는 가벼운 글쟁이들을 틈만 나면 상찬해온 사람으로 문단 내에서는 꽤 유명 인사로 통한다.

> 오랜 세월 우리를 괴롭혀온 글쓰기 또는 글 읽기라는 기이한 질병은 오늘날에도 그 위세가 여전하다. 아마도 책이라는 것이 영혼의 욕구를 채워주기 때문인 듯하다. 책은 정신의 온갖 성향, 지성의 모든 수준에서 반드시 필요한 무엇이다. 우리가 섭취하는 음식에 비해 책의 품질과 내용이 결코 덜 다양하지는 않을 것이다.
>
> 그런 관점에서 보건대 훌륭하든 평범하든, 빈약하든 형편없든, 세상 모든 책에는 그 수준에 맞는 독자가 늘 있기 마련이다. 결국 책의 소화는 머리가 담당할 몫인 만큼, 우리들 각자의 머릿속에 쟁여 넣을 적합한 내용을 잘 선택하는 것이 관건이겠다. 때로는 무얼 선택할지 몰라 평생을 아무거나 닥치는 대로 읽는 사례도 없지 않다. 그렇게 쓸데없는 것들을 잔뜩 읽다 보면, 질 나쁜 찌꺼기들만 우글거려 머릿속이 너

덜너덜해지고 정신은 골병 드는 일이 허다하다. 지금 세상은 놀랄 만큼 팽배한 정신적 무절제로 온통 신음하고 있다. 그뿐 아니라 각양각색의 기질을 가진 저자들과 온갖 종류의 책들, 천태만상의 독자들로 인한 불만의 목소리도 높아지고 있다. 지난 25년에서 30년 사이 인간의 머릿속에서 일어난 것에 비견될 만한 흥분 상태를 우리는 경험한 적이 없다. 어디를 가도 글 쓰는 사람들로 북적댄다. 소위 명성이라는 것이 너무 흔하고 심지어 천박해져서, 유명 문필가이냐 아니냐가 우스울 정도다. 이런 풍요로움이라면 차라리 경계하는 것이 바람직하다. 불가피한 타락의 전조 현상이 아닌지 우려되기 때문이다. 우리를 지켜보는 외국인들은 문예(文藝)의 격변을 경고한다. 그로 인해 우리가 겪게 될 파탄을 예측하고, 우리에게 그것을 낱낱이 보여주겠다며 나선다. 옛날에는 사제와 수도승을 제외한 프랑스의 어느 누구도 글을 읽지 못했다. 그러나 조만간 우리 가운데 문맹자를 찾아보기 어려운 시대가 올 것이다.

만약 모든 사람이 글을 써서 작가 노릇을 하게 되면, 어딜 가나 넘치는 글재주와 주체할 수 없이 쌓이는 책들로 우리는 과연 무엇을 할 것인가? 모든 것이 그렇게 글로 표현된다면, 인간의 정신이 활동할 여지가 더 이상 남아 있겠는가? 모든 것이 생각되고 모든 것이 말해지다 보면, 언젠가는 똑같은 문제를 거듭 생각하고 똑같은 내용을 되풀이해 말하는 상황에 봉착하고 말 것이다. 나고 죽고, 다시 살아났다가 져버리는 가운데 순간의 생명만을 품은 책들이 어느 정도 쌓이면 그 한계에 도달하듯, 문필에 종사하는 이들 역시 무한정 늘어날 수는 없는 법이다. 정신의 세계나 육체의 세계나 그 부침성쇠는 매한가지. 봄날 저 대지가 얼마나 풍요로운지 보라! 얼마나 화사한 꽃들이 피어나는지를! 그토록 아름답고 무성한 꽃나무들도 얼마 못 가 모조리 시들어버린다. 겨울이 그 모든 쇠락의 과정을 마무리함으로써 들판과 숲, 정원을 푸르게 수놓았던 일체의 흔적을 깨끗이 지워버린다. 신문에 대서특필되었던 숱한 서적들 역시 언젠가는 그와 같은 과정을 밟아 소리 소문 없이 소멸하기 마련이다.

솔직히 말해서 프랑스라는 국가처럼 인쇄기를 쉴 새 없이 돌리고 못살게 부려먹는 나라는 지구상에 존재하지 않는다. 이 나라에서 작가란 버섯처럼 생겨나는 존재인데, 안타깝게도 그 대다수가 하는 짓까지 버섯을 그대로 빼닮았다. 국가가 그동안 너무 경시해온 농업에 별안간 관심을 기울이자 농경 작가들이 즉각 떼로 몰려 온 천지를 뒤덮지만, 그 대다수는 자기들 서가의 책들을 통해서밖에 농경을 모른다. 몇몇 탁월한 정신이 나랏일이며 국가 재정이며 적절한 소견을 내놓을라치면, 졸지에 수많은 저자들이 행정가나 자본가인 양 행세하고 나선다. 너나할 것 없이 이제 정치나 세금에 대해서만 글을 쓰기에, 일종의 광란으로 전락해버린 글의 자유가 군주의 심기를 건드려 결국 입에 재갈을 물리는 결과를 낳는다. 어쨌든 이 문제는 추후에 따로 논의하기로 하자. 기껏해야 빠르게 읽어치운 책 몇 권, 사교계 담론 수준의 지식이 전부이면서, 툭하면 세상만사 모든 것에 대해 입을 열고 펜을 놀리려는 이 같은 세태……. 이것이 자만에 찌든 우리들의 자화상이 아니고 무어란 말인가! 우리네 하찮은 시인, 작가들이 쏟아내는 시시껄렁한 그 모든 책자를 누구인들 거들떠볼까?

둘

아주 좋은 내용이라도

지나치게 미주알고주알 글로 풀어낸다.

명철한 분별력으로 고른 주제가 아주 훌륭하고 유용할지라도, 우리는 종종 다음과 같은 잘못을 범하곤 한다. 좋은 내용을 지나치게 미주알고주알 글로 풀어내고 마는 잘못 말이다. 이는 글의 성공에 심각한 걸림돌로 작용한다.

어떤 주제를 다루든 정도(程度)를 지켜야 한다. 적절한 정도를 결정하는 것은 양식과 이성이다. 글을 쓸 때는 건전한 취향, 상식과 더불어 도를 넘지 않기 위한 주의력이 필요하다. 종착지에 다다른 다음에도 마차가 계속 달리지 않기 위해 주의할 필요가 있는 것처럼 말이다. 적절한 범위에 뭔가를 더하거나 덜어내면 전체 구성은 일그러지기 마련이다. 이미 적당한 체중을 갖춘 사람에게 과한 양의 음식을 먹이거나 빼앗아버린다면, 그 사람의 몸은 이내 망가지게 되어 있다. 보통 사람의 키를 자르면 난쟁이가 되고, 더하면 거인이 되는 것이다. 좋은 체형과 건강을 갖추기 위해서는 있는 그대로의 신체를 잘 유지하는 것이 필수다. 그 모습을 보는 것만으로 눈이 즐거우며, 그것이야말로 확실한 잣대가 된다.

정신에 대해서도 똑같은 이야기를 할 수 있다. 글을 쓰는 사람은 자신의 계획을 완수해야 한다. 글 읽을 사람의 마음에 들기 위해서는 무엇보다 너무 길게 늘여 쓰는 일을 피해야

사람들이 바라는 정도를 넘어

말을 하거나 글을 쓰는 사람은

십중팔구 혐오감을 불러일으킨다.

그 경우 인내심은 달아나고,

연단 위의 연설자든 지면 위의 저자든

마음에 들지 않는 사람이 외면받듯

차갑게 외면당하고 만다.

한다. 그래야 양호한 글이 나온다. 글이 짧은 것을 탓하는 경우보다 글이 긴 것을 탓하는 경우가 훨씬 많은 법이다.

글을 길게 쓰는 잘못은 종종 일어나곤 한다. 다루는 주제를 적당한 규모로 줄이고, 검토하고 잘라내 한정하기 위한 주의력을 항상 유지하기가 어렵기 때문이다. 글 쓰는 사람은 특히 마음에 드는 대목에서 이따금 자신을 멋대로 펼쳐 보이기 쉽다. 이는 자기 입장에서는 글의 매력이겠으나, 그 글을 읽는 입장에서는 고역일 수도 있다. 이런 식의 잘못은 글 쓰는 사람이 어떤 사안을 다른 사안보다 더 원숙하게 다룰 수 있기에, 그 차이에서 오는 문제이기도 하다. 일단 글을 읽어보면 저자의 약점을 쉽게 느낄 수 있는데, 충분한 지식이 없어 피상적으로 기술한 부분뿐만 아니라, 과도한 지식을 동원해 지나치게 꾸며놓은 대목 또한 비판의 대상이 된다.

글 쓰는 사람 역시 연설자와 마찬가지로 성스러운 분야와 세속적인 분야로 나눌 수 있는데, 그 어느 쪽을 막론하고 수용자를 피곤하지 않게 하면서 자신의 뜻을 간결하게 전달하는 것이 최고로 평가받는다. 사람들이 바라는 정도를 넘어 말을 하거나 글을 쓰는 사람은 십중팔구 혐오감을 불러일으킨다. 그 경우 인내심은 달아나고, 연단 위의 연설자든 지면 위의 저자든 마음에 들지 않는 사람이 외면받듯 차갑게 외면당하고 만다.

책이든 연설이든 두껍고 긴 것만 죽자고 좋아하는 성격을 가진 사람은 세상에 별로 없다. 물론 생전에 이사야 예언자에 관한 논문 작업에 착수해 비엔나에서 그 내용을 공개 강연했던 바바리아 출신 신학자 토마스 라페트바흐 같은 이도 없진 않다. 그는 무려 22년이라는 세월 동안 공을 들이고도 논문의 1장조차 마무리하지 못했으며, 결국 미완의 상태로 남겨 놓고 숨을 거두고 말았다.

그 정도로 질긴 인내심을 가진 작가는 다행히 별로 없다. 그럼에도 일부는 글을 너무 길게 쓴다. 그들의 글쓰기 방법은 모호하고, 좋은 내용이든 나쁜 내용이든 온갖 과도함이 판을 친다. 그 결과 서가마다 쓸모없는 잡동사니만 빼곡히 들어찬다.

셋

신의 섭리에 따라

인간에게는 그 전모를 깨치는 것이

허락되지 않는 분야까지,

정신에 주어진 한계를 무시해가며

닥치는 대로 글을 쓴다.

현자가 이르기를 "책을 많이 만들어내는 일에는 끝이 없나니"(「전도서」 12장), 신은 이 세상을 학자들의 논쟁에 내맡기셨다. 하지만 그들 중 어느 누구도 주어진 지식을 동원해 신의 신비스러운 지혜를 꿰뚫지 못하였으니(「지혜서」 참조), 신이 결코 그들 눈에 드러내길 원치 않았기 때문이다. "신이 사람들 마음속에 시간 의식을 심어주셨으나, 시작에서 종말까지 신이 하시는 일을 인간은 깨닫지 못한다."(「전도서」 3장) 종교를 흔들어대는 것을 목표로 하는 물리 이론이 얼마나 많은가! 자연의 육성이 우리에게 가르치는 것을 배워보자. 그것이야말로 우리를 선배나 새로운 해설자들의 학교로 보내지 않고도 물질세계의 원초적 신비를 해명해준다. 하늘과 땅, 그 밖의 온갖 생명체들을 눈앞에 보여줌으로써, 우리 역시 그와 더불어 전능하신 분의 피조물임을 알려주는 것이다. 자연은 태양과 별들에 새겨진 창조주의 언약을 읽게 해준다. 태초에 하느님이 하늘과 땅을 창조하셨다(「창세기」 1장). 즉 처음에 존재하던 신이 아직 존재하지 않았던 것을 창조해냈다는 얘기다.

우리는 각자의 신분이 어떠하든, 자만이나 무관심 혹은 온갖 산적한 일들이 어떤 핑곗거리가 되든, 이런 철학에 대한 공부를 피하지 말아야 한다. 그것을 숙지하고 훌륭하게 논할 수 있는 것 이상으로 존경할 만한 일이 없으며, 그것을 배우는 것 또한 그다지 어렵지 않다. 그저 한가한 시간에 우리의 눈을 열고 이 세상을 지켜보기만 하면 된다. "얘야, 너에게 당부하니, 하늘과 땅을 바라보고 그 안에 있는 모든 것을 살펴보아라. 그리고 하느님께서 이미 있는 것을 가지고 그것들을 만들어낸 것이 아님을 깨달아라."(「마카베오 2서」 7장) 요컨대 하늘과 땅을 바라보면서 그로부터 나오는 빛을 정신 속에 받아들이되 학문과 신앙, 겸허한 자세까지 더불어 끌어안는 것이다. 진정한 철학의 핵심은 자신의 성찰과 사색을 신을 향한 사랑과 영적 성장을 통해 제어하는 데 있다. 반면 타락한 거짓 철학의 특징은 성찰과 사색을 과도한 추정으로 몰아가, 공부 이전보다 더 우매하고 오만한 자세를 취하는 것으로 나타난다. 이 경우 사람의 욕망은 매사 '어떻게(quomodo)?'를 따져, 결국 갈피를 못 잡고 방황하게 된다. 하나가 신이 당신의 작품을 펼쳐 우리에게 보여주는 것을 지켜보고 찬양하는 자세라면, 다른 하나는 신이 우리에게 보여주려 하지 않는 것, 우리 눈앞에 가려진 채로 있어야만 하는 것을 굳이 들여다보려는 자세라 할 수 있다. 신의 섭리는 우리 인간이 알아봐야 좋을 것 없는 특정한 비밀들을 피조물 속에 숨겨두었다. 후자의 자세를 가진 철학자들은 바로 그런 비밀들을 파헤치려고 혈안인 자들이다. 이때 신이 그런 행태를 방치하는 것 자체가 그들에게는 신의 징벌이나 마찬가지다. 결코 찾아내지 못할 것을 찾아 평생토록 어둠의 미로 속을 헤매야 하기 때문이다.

그들은 밤낮을 가리지 않는 노력을 기울여 존재의 한복판으로 들어가, 물질의 핵심을 들여다보려고 안달이다. 조물주가 영원한 어둠 깊숙이 감추어둔 수수께끼를 더듬어 가늠해보려고 난리다. 그런 그들이 입 벌려 말을 하고 싶어 하고, 스스로 생각하는 것을 이 우주가 알아주었으면 하고 바라는 것 자체가 그들의 불행이다. 그들은 신이 무엇을 원하는지 전혀 개의치 않고 신의 비밀스러운 행적과 섭리를 가장 적나라하게 파헤쳤다는 평가와 명예에만 너도나도 눈독을 들인다. 그렇게 해서 오늘날까지 쌓아온 것이 그들이 고안하고 대물림해온 각종 이론 체계들이다.

학문에도 말과 비슷한 점이 있다.

가장 수수하고 평범한 것이 가장 위험한 것일 수 있다.

지혜로움과 무난함의 베일을 두른 만큼,

그것은 방심한 사람의 마음에

여차하면 타락의 씨앗을 심고,

전문가가 감히 말하지 못하는 것을 얼마든지 스스로

생각하고 말할 수 있다는 착각을 불러일으킨다.

그 모든 것을 지켜보면서 솔로몬이 남긴, "하느님은 사람들 마음속에 시간 의식(즉 영원성에 대한 의식—옮긴이)을 심어주셨다."는 말씀은 그야말로 영원히 기억할 만하다. 가령 신이 바늘 끝에 감춰둔 미세한 '분할 가능성'이랄지, 태양이나 바다의 규칙적이면서 장엄한 운동의 원동력 따위를 이해하기 위해 지난 삼사천 년에 걸쳐 학자들이 집요하게 매달린 배경에는 알 수 없는 신의 섭리가 존재한다는 뜻이다. 솔로몬은 외친다, 큰 포부를 가진 자들의 과업이든 욕망에 찌든 이들의 주도면밀한 기획이든, 그 모든 것은 허무일 뿐이라고! 상상이 만들어낸 허깨비를 좇으면서도 어디까지나 진리를 꿈꾼다며 남들에게 주장하느라 평생을 허비하는 인간의 고질적인 질병일 따름이라고!

성 아우구스티누스가 멋지게 정리했듯이, 피타고라스나 데모크리토스 추종자들의 행태란 각자 자기 방에 틀어박혀 자기만의 몽상과 광기를 가꾸고 빚어낸 뒤, 모두 모인 곳으로 나와 서로 토론하는 가운데 스스로 정신 나간 사람임을 제법 조리 있게 이야기하는 것에 불과하다.

대저 불경한 자들은 종교의 신비에 대해 어떤 의혹이 떠오를 때, 먼저 자신에게 그 의혹을 제기해본다. 그들은 남몰

래 자신의 정신을 추궁하면서, 조물주에 의한 천지창조라든가 사후에 있을 심판과 지옥, 불멸의 문제 등을 어디서 얻어들었는지부터 자문해보는 것이다. "간계를 품은 악인에게 신문(訊問)이 있으리라."(「지혜서」 1장)는 성경 구절처럼 말이다.

그렇게 해서 떠오르는 당대 철학의 소소한 문제들이 거대하고 중한 문제들과 다르다고 본다면 그것은 큰 오산이다. 소소해 보이는 문제들을 통해서 우리는 순식간에 무신앙의 세계로 빠져들고, 영원한 진리에 반하는 과격한 의혹들을 자기 자신은 물론 추종자들의 마음속에 마구잡이로 풀어놓을 것이기 때문이다. 마니교도가 자기 친구에게 각다귀를 만든 것이 신이냐고 묻는다면, 그것은 곧 인간을 만든 것이 신이냐고 묻는 것과 크게 다르지 않다. 만약 어느 군주가 궁정 철학자들에게 새들이 살아 있느냐고 묻는다면, 그는 머지않아 자기 자신에게 천사들이 살아 있는지, 나아가 영혼은 과연 불멸하는지를 자문하게 될 것이다.

학문에도 말과 비슷한 점이 있다. 가장 수수하고 평범한 것이 가장 위험한 것일 수 있다. 지혜로움과 무난함의 베일을 두른 만큼, 그것은 방심한 사람의 마음에 여차하면 타락의 씨앗을 심고, 전문가가 감히 말하지 못하는 것을 얼마든지 스스로 생각하고 말할 수 있다는 착각을 불러일으킨다.

우리를 파멸로 이끄는 길에 대한 호기심을 버리자. 오로지 신과 가까워지고 신을 흠모하게 해주는 가르침에만 집중하자. 니콜(피에르 니콜. 1625~1695. 신학자, 문법학자. 데카르트와 파스칼의 영향을 받은 대표적 논객—옮긴이) 선생은 다음과 같이 말했다.

"우리는 내세의 삶, 다시 말해 모든 진실을 깨칠 상태에 워낙 근접해 있으므로, 굳이 지금 신학과 철학이 제기하는 별난 문제들을 파고들 필요가 없다."

매우 지혜로운 사색이 아닐 수 없다. 세상의 학자들이 이런 사고를 실천에 옮긴다면, 인간에게 금지된 지식을 좇느라 밤낮을 소모하는 일은 없을 것이다. 공허한 상상과 논쟁으로 허비하는 시간을 사회를 이롭게 하는 저술 활동에 돌려쓴다면, 자기 자신이나 대중을 위해 보다 알찬 결과를 낳지 않겠는가!

넷

설사 재능이 있다고 해도
정당한 소명을 갖추지 못하면

스스로 자제해야 마땅한 주제를 놓고

무모하게 글을 쓴다.

우리는 여기서 나라를 다스리는 일과 관련한 문제에 논의를 한정하기로 한다. 한 나라의 군주가 신의 섭리에 의해 통치의 소명을 부여받았다면, 신하 된 백성이 그 군주의 뜻에 따르고 명에 복종하는 것 역시 신의 섭리 안에 정착된 것이다.

한 국가의 공적 사안과 관련한 통치 방식을 임의로 판단하지 말아야 한다는 것 또한 중요하다. 우리를 통치하는 이들의 행동 방식을 개혁하는 것은 우리의 책무가 아니거니와, 통치받는 입장에서 우리의 의무는 국가 체제를 장악하고 있는 자가 그 체제의 구성원들을 관리하면서 부득이 행사하는 보편적인 영향력에 순응하는 것이어야 한다. 통치자는 모두의 요구가 수렴하는 하나의 중심점이다. 따라서 통치자의 일거수일투족은 그에 예속된 구성원의 개별적, 보편적 선(善)을 겨냥해 이루어진다. 설사 일이 그런 식으로 진행되지 않는다 해도, 작금의 과격한 상황이 우리의 입장에 가져올 변화는 전혀 없을 것이다. 우리가 처한 입장은 신의 섭리 안에서 불변하거니와, 정의의 원칙에 반하는 방식으로 통치가 이루어진다 해도 그 역시 신의 뜻에 의거하리라는 것이 우리가 생각할 수 있는 전부다. 우리는 입을 다물고 그 심오한 뜻을 받들어야 할 것이다.

그러나 무엇보다 법이 우리 가운데 살아 있고, 군주가 지혜의 정신을 갖춘 왕국에 신께서 용인할 리 없는 극단적인 상황을 논외로 친다 해도, 백성 모두가 자신의 생각을 거침없이 표출할 경우 통치자의 모든 행위와 명이 절대다수의 적극적인 동의만을 이끌어내리라 생각하기는 힘든 것이 사실이다.

사람들은 판단을 할 때 두 가지 중요한 힘의 영향을 받기 마련인데, 하나는 망상이고 다른 하나는 이성이다. 이성은 사물을 있는 그대로 파악하는 진정한 이해력으로, 항상 하나의 분명한 착점(着點)을 가진다. 따라서 우리는 이성을 통해 대상을 정상적으로 판단하고, 사물의 실제 가치에 준해 그것을 좋아하거나 싫어하거나, 수용하거나 거부할 수가 있는 것이다. 반면 망상은 사물을 있는 그대로와는 다르게 파악하는 가운데 우리 자신이 꾸며 가지는 거짓 느낌이다. 즉 우리는 망상을 통해 어떤 대상을 실제보다 더 크거나 작게, 더 이롭거나 해롭게, 더 정당하거나 더 부당한 것으로 판단할 수 있는데,

우리가 망상이라 부르는 것에 더해,
툭하면 우리 마음을 흔들어대는 흥분 상태만큼이나
잡다한 요인들에서 비롯될 수 있는 선입견들이
가세할 경우를 생각해보자.
과연 권력자의 통치 행위를 건전하고 일관되게 판단하고,
망상과 선입견으로 유입된 거짓 느낌을
냉정하게 걸어낼 수 있는 사람이 몇이나 될까?

그렇게 거짓 판단에 매몰되다 보면 대상에 대한 무분별한 감정에 휘말리기 일쑤다. 여기서 우리가 망상이라 부르는 것에 더해, 툭하면 우리 마음을 흔들어대는 흥분 상태만큼이나 잡다한 요인들에서 비롯될 수 있는 선입견들이 가세할 경우를 생각해보자. 과연 권력자의 통치 행위를 건전하고 일관되게 판단하고, 망상과 선입견으로 유입된 거짓 느낌을 냉정하게 걷어낼 수 있는 사람이 몇이나 될까?

통치권과는 무관한 일들, 학문이나 예술, 그 밖에 사회적 관계에만 연관된 일상사의 판단에는 당연히 그런 어려움이 없을 것이다. 다만 거창한 열정이나 이해관계가 펼쳐지는 현장은 아닐지언정 그런 소소한 사안들에도 서로의 감정이 뒤엉켜 발생하는 문제는 얼마든지 있을 수 있다. 그로 인한 의견 차이가 가족의 분열이라든가 친구 간의 결별, 심지어 국가기관의 동요를 초래하는 경우도 종종 있는 것이다.

그러니 아무리 가벼운 사안들에 대해서도 사람마다 논의가 다를 수 있고, 좋지 않은 결과가 빤히 보여도 서로의 감정을 자제하기가 쉽지 않은 만큼, 온갖 견해가 중구난방 난무할 것은 명약관화한 일. 그로 인해 어떤 불상사가 닥칠지 모르는 상황에서 국가적 대사를 제멋대로 판단하는 것을 어찌 우려

하지 않겠는가!

망상과 선입견은 대다수 사람들의 의식을 지배해 그들의 판단력을 좌우할 수 있다. 그런 상황에서 거대한 열정이 폭발할 경우 막대한 혼란을 초래할 가능성은 얼마든지 있다. 과연 이성에 따라서만 판단을 내릴 현명한 사람들은 이들 다수의 대중을 진정시키기 위해 어떤 방법을 취할 수 있을까? 앞서 언급했듯이 이성은 사물을 있는 그대로 파악하는 진정한 이해력이다. 정녕 현명한 사람들이 이 진정한 이해력을 자주 발휘해, 격동하는 상황을 꿋꿋이 버텨낼 수 있을 것인가? 광대한 나라에서는 무수한 정책들이 시행되기 마련인데, 그 배경은 대중에게 알려지지 않고 보통은 국가 기밀로 다루어진다. 만약 그런 배경이 현명한 사람들은 물론 그렇지 못한 자들에게까지 알려진다면, 오히려 각자의 마음속에 어떤 확신을 심어주어 갈피를 잡지 못하는 판단들을 바로잡아줄지도 모른다. 그러나 그 배경을 감출 수밖에 없는 보다 중요한 동기들이 존재하기에, 국가정책은 대중의 무모한 열정에 속수무책으로 내맡겨지고, 그에 대한 각양각색의 불만 섞인 투박한 판단들은 국가의 평안과 안정을 해칠지도 모를 혼란을 초래하는 것이다.

그런 불상사를 미리 내다보는 것만으로도, 애당초 이성의 말을 듣지 않을 사람들은 국가적 대사와 관련해 무모한 판단을 삼가도록 마음을 단속하는 것이 마땅해 보인다. 사실 망상과 선입견이 개인적인 이해관계마저 무시할 정도로 사람들의 정신을 어지럽히는 일은 드물다. 바로 그런 점을 근거로, 현명한 사람들조차 진정한 이해력을 갖추지 못하면 감히 판단할 엄두를 내지 못할 문제들 앞에서는 함부로 흥분하지 않도록 대중을 설득할 여지가 있는 것이다.

어떤 작가는 지체 높은 이들을 풍자하는 내용을 담지 않으면 좋은 글이 되지 못할 거라고 썼다. 이제는 국가를 비난하고 욕보이고픈 욕구에 어엿한 철학서들까지 동원되는 실정이다. 공무를 담당하는 이들은 국가체제에 대한 반론을 공개적으로 기술하는 것이 결코 허락되지 않는다. 정녕 문제점과 관련해 명석한 판단력과 이해력을 갖추었다면, 내부적으로 건의서를 제출할 일이다. 그러는 대신 사람들 정신만 들쑤시고 소란만 가중시킬 거친 의견을 떠들썩하게 표출해서는 안 된다.

무작정 새로운 것을 선보이려는 만용은 숱한 어리석음을 낳는다. 저마다 자기 영역에 다소곳이 머문다면, 무기력하고 권한도 없는 글쟁이가 제후나 고관대작들을 호령하고 뜯어 고치려는 생각은 감히 하지 못할 것이다. 어느 학술원 회원의 말대로, "프랑스 사람은 머리가 상당히 변덕스럽다." 우리의 과오를 비난하는 자들에게 던져줄 최선의 답이 바로 그것이다.

툭하면 계획이나 짜는 사람치고 일 처리에 능숙하거나 일하는 고충을 익히 아는 경우가 없다. 올바른 방향으로 나아가려면 제후들의 집무실에 직접 들어가봐야 하고, 모든 것이 수렴하는 중심을 경험해야 한다. 종이와 펜으로는 누구나 더할 나위 없이 근사한 혁신의 청사진을 그려낼 수 있다. 일개 개인으로서 글을 쓰는 데는 어떤 장애도 있을 수 없기 때문이다. 머릿속에서만큼은 얼마든지 내키는 대로 선을 긋고 자르면서, 마치 자신이 법을 세우는 자라도 된 것처럼 착각한다. 바라건대 나랏일로 잔뼈가 굵은 행정가들, 인간과 법을 제대로 아는 법관들로 하여금 점진적인 개선책을 마련하고 그것을 정식으로 제안토록 하라. 그렇다면 나는 귀 기울일 의향이 있다. 그들은 실무로 터득한 지식이 있으므로 발언할 자격을 갖춘 존재들이다. 하지만 학자이건 철학자이건 나랏일에 손대본 경험이 전무한 한 개인이 스스로 법과 행정에 대해 이

래라저래라 하는 위치에 있다고 여긴다면, 그것은 일개 글쟁이가 좋은 꿈을 꾸고서 저 혼자 흥에 겨워 횡설수설하는 짓에 불과하다.

3

침묵으로 도피하는 '충분치 못한 글쓰기'

게으름과 자기 능력에 대한 의구심, 지나친 겸손과 자제가 바로 이 문제를 부르는 요인들이다. 바로 그런 요인들 때문에 많은 사람들이 유익하고 흥미로운 글을 쓸 많은 기회를 박탈당한다.

글줄이나 다루는 사람들을 가만 들여다보면 십중팔구 성품이 게으른데, 도대체 무슨 조화인지 모르겠다. 머리가 좋은 사람은 원래 게으른 것인지, 게으름이라는 악덕이 어쩌다 좋은 머리를 가진 성향에 침투해 들어간 것인지. 이따금 그들의 천성이라든가 신체 기관의 예민함, 지식의 과잉, 스스로 만족할 줄 모르는 습성 따위에서 그 원인을 따져보지만, 모든 것이 그저 되는 대로 내세우는 하찮은 핑곗거리에 지나지 않는 경우가 허다하다. 내가 이 책에서 지금껏 비난해온 자들처럼 뛰어난 재능과 지식, 섬세한 취향을 가진 자들이

자기 능력에 대한 의구심 때문에
침묵 속에 자신을 붙들어 매두는 사람들도 일부 있다.
그들은 자신이 무엇을 할 수 있는지
그 전모를 파악하지 못한다.
그들의 정신은 소심함이 덮어씌운 베일에 시야가 가려
늘 주저하는 상태이며,
타고난 명석함의 일부는 그로 인해
제 기능을 발휘하지 못한다.

열심히 노력해 펴낸 훌륭한 저작은 과연 얼마나 되는가? 그중 조금이라도 더 솔직한 이들은 게으름을 피우는 데서 느끼는 즐거움이 책을 쓰는 즐거움보다 나은 것 같다고 소탈하게 고백할 것이다.

자기 능력에 대한 의구심 때문에 침묵 속에 자신을 붙들어 매두는 사람들도 일부 있다. 그들은 자신이 무엇을 할 수 있는지 그 전모를 파악하지 못한다. 그들의 정신은 소심함이 덮어씌운 베일에 시야가 가려 늘 주저하는 상태이며, 타고난 명석함의 일부는 그로 인해 제 기능을 발휘하지 못한다. 남들에게는 긍정적인 자극으로 다가올 모든 것이 그 베일 때문에 차단되며, 항상 불안정하고 불확실한 상태여서 일단 시작한 일이라도 언제든 중도에 포기할 수 있다. 펜을 손에 쥐자마자 순식간에 책 한 권을 휘갈겨 써내는 오만하고 뻔뻔한 글쟁이들과는 너무도 다른 부류다.

무릇 겸손과 자제는 매우 칭찬할 만한 자질임이 분명하다. 하지만 자신의 능력을 완벽하게 파악하면서도 그것을 자꾸 시험하고, 소심한 침묵 속으로 도피하여 스스로에게 씻을 수 없는 잘못을 범하는 지식인도 있다. 사실 그런 경우는 그와 전혀 상반되는 경향을 가진 이들보다 수가 훨씬 적다. 후자의 과잉된 점들로 전자의 부족한 부분을 채워준다면 더할 나위 없이 좋을 텐데 말이다.

예로부터 신성한 영역이든 세속적인 영역이든 재능을 갖춘 숱한 저술가들이 오늘날 그와 비슷한 재능을 가지고도 글쓰기를 거부하는 자들이 내거는 신조를 고수해왔다면, 지식계의 운명은 어찌 되었을까? 저 유명한 '배교자' 율리아누스 황제는 기독교도가 책을 읽고 쓰는 것을 금지했는데, 과연 무엇을 두려워해야 하는지 분명히 알고 있었던 셈이다. 배우고 깨치려면 안내자가 반드시 필요한 법. 진정한 지식인 말고 누가 그 역할을 맡겠는가? 옛날에는, 특히 신과 종교가 걸린 문제에서 무분별한 자제심이 일종의 죄악으로 여겨지던 시절도 있었다.

이상 '잘못된 글쓰기'와 '과도한 글쓰기' 그리고 '충분치 못한 글쓰기'와 관련해 또 다른 이야기를 덧붙일 수도 있겠으나, 이제는 그 모든 잘못에 대한 대책을 논할 시점이다.

무엇보다 이 글을 시작할 때 명시한, 혀를 다스리는 기본 원칙들을 잊어서는 안 된다. 그것들은 펜을 적절히 다루는 일에도 똑같이 유효하기 때문이다. 나는 '말을 하다'와 '입을 닫다'라는 표현을 '글을 쓰다'와 '글을 쓰지 않다' 혹은 '펜을 붙들어두다'라는 표현으로 전환할 따름이다.

4

침묵은 하나의 처세술이다

글을 쓸 때 필요한 침묵의 필수 원칙

첫 번째 원칙

침묵보다 나은 쓸거리가 있을 때에만
펜을 움직인다.

이 원칙과 관련해, 앞서 언급한 위험한 글쟁이들의 해악이라든가 그 밖에 다른 문필가들의 지나친 점들은 그들 스스로 가장 진지하게 고려해야 할 문제점이 된다.

악서를 써낸 저자들이 지면에 온갖 악의 섞인 모략과 범죄적 애정, 신앙의 오류로 점철된 독기를 풀어내기 전에 그 손에서 펜대를 놓아버렸다면, 그들 자신에게 얼마나 좋았겠는가! 그런 무질서한 방종을 드러내놓고 자랑하느니 침묵에 기대는 편이 분명 더 낫다. 요컨대 침묵은 무엇보다 방종과 타락이 만연한 정신에 추천할 만한 처세술인 것이다. 자기들

요컨대 침묵은 무엇보다

방종과 타락이 만연한 정신에

추천할 만한 처세술인 것이다.

자기들이 원해서 침묵하진 않더라도,

효과적인 방법으로 그들이 입을 닫게 할 수 있다면

건전한 정치와 종교에 바람직한 일이다.

이 원해서 침묵하진 않더라도, 효과적인 방법으로 그들의 입을 봉할 수 있다면 건전한 정치와 종교에 바람직한 일이다.

무릇 전염병에 걸린 사람은 사회의 안전을 위해 그 사회로부터 격리되는 법이다. 남의 재물을 탈취함으로써 공공질서를 어지럽히는 자들은 정의의 칼날로 도려내야 마땅하다. 글 쓰는 사람이 글을 통해 신을 모독하고 풍속을 더럽히는데, 그보다 죄가 덜하겠는가? 권력자를 도발하면 반드시 처벌받지만, 신을 모독하는 것으로는 처벌받지 않을 수도 있는 세상이다. 그 모든 불경스러운 저작물, 염치가 농락당하는 글들에 대해선 그냥 눈감아주기도 하니 말이다. 사정이 이러니, 점잖고 애국적인 기독교인이라면 오히려 창피해할 줄 알아야 할 지경이다. 이와 같은 말도 안 되는 관용은 종교의 토대와 풍속의 법도를 파괴함으로써, 사회를 구축하는 일체의 유대와 의존관계, 분별을 저변에서 뒤집어엎을 수 있다. 하물며 그런 글을 쓰는 이들이 당대의 선각자처럼 대우받는 나라의 운명이란 어떠할 것인가?

거듭 말하건대 종교와 정치는 교회와 국가에 똑같이 위협적인 전염병 같은 현상에 대항하기 위해 서로 손을 잡는 것이 절실하다. 이런 취지의 얘기는, 1759년 1월 23일 한 저명한 법관이 남긴 논고에서도 그대로 확인할 수 있다.

> 이러한 폭거에는 가장 강력한 처방책이 필요하지 않겠습니까? 정의가 아주 엄혹한 자세로 나서서, 조국이 부정하고 종교가 단죄하는 불온하고 신성모독적인 저자들을 이 사회로부터 냉정하게 쳐내야 하지 않겠습니까? 철학자의 자격을 빙자해 온갖 이론을 내세워가며 스스로 사회와 국가, 종교의 적임을 선언하는 인간들에 대해서 본 법정은 군주가 위임한 권한을 최대한 엄중하게 행사해야 마땅합니다. 종교의 선의라는 것 역시 때로는 그 교리와 윤리에 애착을 가진 법관들의 힘을 빌려 그렇게 대처할 필요가 있을 겁니다. 성직자 여러분, 여러분의 선배들은 신의 존엄과 교회, 공공의 품격에 반하는 글을 쓴 저자를 신성모독의 죄명으로 다스려 가장 참혹한 형벌로 단죄했습니다. 그뿐 아니라 그들의 저서를 유포한 서적상에 대해서까지 엄중한 법령에 의거해 구속영장을 발부했습니다.

예컨대 1623년 8월 19일자로 테오필과 베르틀로에 대해 발부된 구속영장이 그런 경우다.

1633년 7월 14일에는 루이 13세의 칙령에 의해 기욤 드 생타무르(13세기 탁발수도회를 공격한 스콜라학자—옮긴이)의 저작들이 압수, 폐기되면서, 인쇄업자와 서적상이 향후 그것들을 유통할 경우 종신형을 각오해야 하며, 그것들을 소지하다 적발되는 경우는 지위고하를 막론하고 삼천 리브르의 벌금형에 처해진 예가 있기도 하다.

대관절 백성의 삶을 공공연히 위협하는 유해 분자들을 어떤 사정에서 용인한다는 말인가? 종교를 아끼는 세속군주들의 눈에 그 종교와 풍속이 죄인의 육체적 자유보다 덜 소중한 것으로 비치기를 바라는 이유가 대체 무엇인가? 1768년 1월 24일 파리 대주교는 교서를 통해 분명히 말하고 있다. "예수 그리스도의 교회가 불신앙의 폭거로 피해를 입었고, 영적 권위로는 그 폭거를 차단할 수 없을 때, 세속의 군주가 힘을 보태 신으로부터 복수의 대리자 자격으로 위임받은 정의의 칼날을 휘둘러 죄인들을 처단하는 것은 정당한 일이 아닌가?"

예로부터 가톨릭 군주들은 불신앙의 문제를 자신에게 떨어질 신의 징벌을 피하기 위해서라도 반드시 척결해야 할 사회악의 하나로 간주해왔던 것이 사실이다. 보쉬에(17세기를 대표하는 사제이자 신학자. 왕세자의 사부로 수많은 신학적, 정치적 저작을 남겼다—옮긴이) 선생은 이렇게 말했다. "가톨릭 군주는 교회와 그 성스러운 교의에 대항하는 적을 정의의 검을 사용해 처단할 권한을 가진다. 이 사실에 이의를 제기하는 것은 곧 공권력을 무력화시키는 것으로 간주할 수 있다. 내가 알기로는 기독교도 중에서 소치니주의자들과 재세례파만이 이런 교의에 반대하고 있다. 법은 명확하나 약간의 조정 역시 필요하긴 하다."(『프로테스탄트 교회 변천사』) 또한 『성서정치학』에서는 다음과 같이 말했다. "종교에 자유가 허용되어야 한다는 생각에서 종교문제에 단호한 입장을 취하는 세속군주를 못마땅하게 바라보는 이들은 불경의 그릇된 신앙에 빠져 있는 것이다." 저 유명한 클로드 플뢰리 신부(교회 역사가로 어린 루이 15세의 사부—옮긴이)의 주장에 따르면, 군주가 일반 대중의 의견을 좌우할 권한이 없다고 말해서는 안 된다. 최소한 잘못된 견해를 유포하는 것을 막을 권한은 갖고 있기 때문이다. 또한 군주의 위신과 국가의 근본 원칙, 미풍양속을 훼손하는 발언보다 신의 존엄과 종교의 교의를 해치는 발언에 더한 관용을 베풀어서도 안 된다. 성 아우구스티누스는 묻는다, 신의 계명을 위반하는 행위를 종교적 엄중함으로 벌하지 않고서 어찌

왕이 신을 두려워하여 섬긴다 하겠는가?

사실 교회는 너그럽고 다정한 어머니와 같아, 죄인의 죽음을 바라지 않는다. 대신 죄인이 살아서 회개하기를 원한다. 그것이 바로 교회가 하는 일이다. 교회의 눈물과 기도의 목적이 바로 거기에 있다. 그렇더라도 그 애정에는 한계가 있다. 보쉬에 선생의 표현을 빌리자면, 만약 교회의 애정에 한계가 없다면 누구나 아무 두려움 없이 교회를 욕하고 모독할 것이다. 예수 그리스도의 신성을 부정하고, 기독교 교리보다 마호메트의 가르침을 선호할지도 모른다. 정통파와 마찬가지로 이단이 마음껏 활개 치는 세상, 독사를 비둘기처럼 보호하는 나라, 독약을 만드는 자들이 치료약을 제조하는 이들 못지않게 안락함을 누리는 사회가 행복하다고 할는지 모른다. 흥분이 지나쳐 신성모독을 저지르는 자들은 혀에 구멍을 뚫으면서 그럴듯한 교설과 금언을 풀어내며 같은 행위를 저지르는 이들에게는 손끝 하나 대지 않으려고 조심한다.

맙소사, 세상 어느 나라가 신성모독에 그와 같은 특권을 부여하고 싶겠나! 백성들 가운데서 불경이 판을 치는 꼴을 어느 군주가 마음 편히 바라보겠는가! 신에 대항해 목소리를 높이다 보면, 조만간 지상에서 신을 대리하는 존재를 무시하게 되어 있다. 요즘 소위 철학자라 칭하며 글을 쓰는 자들(유물론과 무신론 사상을 표방하는 18세기 작가들—옮긴이)의 행태가 그 서글픈 증거다. 그들은 신과 국가 모두를 무차별적으로 공격해왔으며, 온갖 불온한 글을 통해 자신들이 왕의 적일 뿐 아니라 신의 적이기도 함을 웅변으로 증명해왔다.

두 번째 원칙

글을 쓸 때가 따로 있듯이,

펜을 붙들어둘 때가 따로 있다.

지식인이 글을 쓰는 것 자체를 두고 왈가왈부 트집을 잡는다면 온당치 못한 일일 것이다. 그래도 따질 것은 따져야 한다.

하나, 종교적 교의에 대한 토대를 충분히 갖추었을 경우, 자기 분야에 관한 지식으로 충만할 경우, 남을 가르치기 이전에 자기부터 완벽한 학습을 거친 경우에 글을 쓰는 것이 좋다. 만약 누군가 식량을 제대로 비축하지 않고 장거리 항해에 나선다면 사람들은 그를 비웃을 것이다. 준비를 완전히 갖추지 못한 상태에서 어떤 주제를 다루려는 글쟁이가 겪을 불상 우리는 왜 그토록 서두르는가?

글을 쓰고자 하는 격한 감정 상태에 빠져

정신 못 차리는 이유가 대체 무엇인가?

기다려라.

먼저 입을 닫고 생각을 정리한 뒤에야

당신은 글을 쓸 수가 있다.

사 또한 이에 못지않다.

둘, 글이란 적절한 정신 상태에서 써야만 한다. 고통, 분노, 불안, 슬픔, 그 밖에 차갑거나 뜨거운 모든 감정은 정신을 경직시키거나 지나치게 흥분시킨다. 그렇게 쓰인 글은 무미건조하거나 너무 격렬한 투로 치우치고 만다. 책 한 권을 잘 써내는 것은 자기 자신을 완벽하게 통제하는 자만이 할 수 있는 일이다.

셋, 종교, 국가, 명예 혹은 그에 버금가는 이해관계가 심대한 타격을 받을 때 우리는 종종 펜을 든다. 신의 계명과 인간의 도리 모두 그것을 허용하고 또 명하지만, 긴요한 지식과 글재주를 갖춘 이들에 비해 단지 열정과 의향만 가졌을 뿐 적합한 재주를 갖추지 못한 자들은 글을 제대로 써내지 못하는 자괴감에 시달릴 수밖에 없다.

세 번째 원칙

언제 글을 쓰느냐가 가장 우선적으로 고려해야 할 문제이다.
펜을 붙들어두는 법을 먼저 깨치지 않고서는
결코 글을 잘 쓸 수 없다.

이는 두 번째 원칙으로부터 자연스럽게 도출된다. 침묵과 공부의 시기야말로 글 쓸 준비를 할 시기다. 과일과 마찬가지로 책에도 설익은 책이 있다. 우리는 왜 그토록 서두르는가? 글을 쓰고자 하는 격한 감정 상태에 빠져 정신 못 차리는 이유가 대체 무엇인가? 기다려라. 먼저 입을 닫고 생각을 정리한 뒤에야 당신은 글을 쓸 수가 있다.

네 번째 원칙

글을 써야 할 때 펜을 붙들어두는 것은
나약하거나 생각이 모자라기 때문이며,
펜을 붙들어두어야 할 때 글을 쓰는 것은
경솔하고도 무례하기 때문이다.

이는 중요한 기회와 결부된 원칙이다. 기회를 놓치는 침묵과 자제는 좋지 못한 결과를 초래할 수 있다. 그 틈을 타 적이 득세할 것이고, 국가와 종교가 그 뒷감당을 하게 될 것이다. 다만 글을 써야 할 상황과, 글쓰기에 적합지 않고 경솔하게 글 쓸 우려가 있는 상황을 구분하기 위해서는 정신을 바짝 차려야 한다. 그런 분별력은 건전한 판단력과 명민한 경험의 결과로 주어진다. 그 누구보다도 글 쓰는 사람에게 필요한 것은 진지한 친구의 조언이다.

다섯 번째 원칙

일반적으로 볼 때 글을 쓰는 것보다 펜을 붙들어두는 것이 덜 위험하다는 점은 분명하다.

여기에는 '일반적으로 볼 때'라는 단서가 붙는다. 방금 전에 언급했듯이 예외적인 '중요한 기회'들이 분명 존재하기 때문이다. 그 점만 유의한다면 펜을 붙들어둔다고 해서 잃을 것은 거의 없다. 기껏해야 글을 썼다는 뿌듯함이랄까, 변덕스러운 독자의 구미에 맞춰 얻은 덧없는 명성 따위, 일시적인 호구지책이 고작일 터. 그런 정도의 호사쯤은 안중에 없어야 좋은 글을 쓸 수 있다. 그런 의식이 없다면 글 쓰는 사람에게 돌아올 것은 환멸과 경멸뿐이다.

글재주를 갖춘 어떤 지혜로운 사람에게 언제 글을 쓸 결심을 하느냐고 묻자, 돌아온 대답은 다음과 같았다. "다른 일을 하는 것이 지겨워지고, 더 이상 잃을 것이 없을 때." 조급한 마음으로 글을 쓰고자 하는 모든 이에게 이 대답의 의미를 곰곰이 생각해볼 것을 권한다.

여섯 번째 원칙

사람은 주도면밀하게 펜을 붙들어둠으로써
스스로를 가장 효과적으로 관리한다.
글을 헤프게 쓰는 순간 사람은
자기 밖으로 넘쳐나게 되고 글을 통해 흩어져,
결국에는 자기 자신보다
남에게 의존하는 존재가 되고 만다.

이는 글을 쓰는 지식인으로서 무엇보다 중요하게 숙고해야 할 원칙이다. 지식인으로서 스스로를 관리하고, 대중 앞에 자신을 헤프게 드러내지 않는 것만큼 긴요한 일은 없다. 글을 쓰려면 냉정함과 평정 상태가 반드시 수반되어야 한다. 너무 서두르다가는 그런 면이 부족할 수밖에 없다. 자칫 드러내지 말았어야 할 숱한 문제들이 불거져 나오고, 대중은 그런 점들에 주목하기 마련이다. 글을 쓸 때 처음에는 만족스러운 찬사를 받을 만하다가도 나중에 가서 일을 망치는 경우가 허다하다. 처음에 다루려고 한 주제를 지나치게 펼쳐 보이다가 평정을 잃어 횡설수설이 되고 마는 것이다.

일곱 번째 원칙

긴요하게 쓸거리가 있을수록
특별히 조심해야만 한다.
먼저 생각을 하고 또 해보는 가운데,
혹시라도 글을 쓴 다음 돌이킬 수 없는 상황에서
후회할 가능성은 없는지 짚어가며
쓸 내용을 다시 한 번 되짚어보아야 한다.

예로부터 이런 말이 있었다. "글로 쓰인 것은 글로 남는다." 반면 말이라는 것은 이리저리 옮겨다니면서 변하는 가운데 다듬어지고 무뎌지기도 한다. 글이란 그와 같은 변천을 겪지 않는다. 글 속에 담긴 욕설은 언제까지나 욕설이다. 저속한 표현은 불명예로 남는다. 글로 쓰인 잘못된 주장은, 문제점을 감추기 위해 제아무리 완곡한 표현을 두른다 한들 글 쓴 사람이 위험인물이라는 증표가 된다. 따라서 심사숙고하지 않고서 글을 쓰지 않기 위해 최대한 조심해야 한다. 사람은 누구나 자기 생각의 주인이지만, 일단 그 생각이 글로 쓰여 사람들 앞에 제출되고 나면 더 이상 그렇지가 않다.

여덟 번째 원칙

지켜야 할 비밀이 있는 경우
결코 그것을 글로 옮겨서는 안 된다.
절제는 그때 넘칠수록 좋은 무엇이다.

비밀의 본질을 이해한다면, 이 원칙에 과장이란 없다는 것을 충분히 인정할 것이다. 서로 믿는 사람의 마음속에 의탁한 비밀은 아무리 속으로 감춰도 모자라지 않은 법이다. 그것을 글로 쏟아낼 만큼 경솔하다면, 비밀이란 무엇이고 또 믿음이란 무엇이겠는가.

아홉 번째 원칙

펜을 붙들어두기 위해 꼭 필요한 조심스러움은
글을 잘 쓰는 재능이나 적성에 비해
결코 평가절하할 만한 것이 아니다.
아는 것을 글로 옮기기보다는
모르는 것에 대해 펜을 붙들어두는 것이 더 큰 장점이다.

겉에서 보기에 행동을 멈추는 것 이상으로 쉬운 일은 없는 것 같지만, 막상 그러기에는 나름의 고충이 따른다. 솔직히 말해서 아무 글도 쓰지 않는 것보다 무언가 글을 써내기가 더 어려운 것만은 사실이다. 그런데도 조심성과 자제심을 발휘해 지혜롭게 펜을 거둔 채 아무것도 쓰지 않는 것을 일종의 고문처럼 느끼는 작가가 한둘이 아니다. 바로 그러한 성향이 작가로 하여금 글을 쓰게 만든다. 마치 몸에 매달려 어디론가 끌고 가는 족쇄처럼. 따라서 이런 성향에 제동을 걸고, 자존심을 희생해 신중함을 돌보는 것은 작가로서 대단히 고난도의 경지나 다름없다.

더불어 강조하건대, 아는 것을 글로 옮기기보다는 모르는 것에 대해 펜을 붙들어두는 것이 더 큰 장점이다. 우선 전자는 자연스러운 일이다. 사람은 누구나 자기가 아는 것을 기꺼이 말이나 글로 옮긴다. 그 일을 잘하는 것은 누구에게나 공통적인 장점이다. 후자의 경우는 그보다 드물다. 우리는 혹시 무지로 오인받을까봐 표현을 자제하기를 꺼리기 일쑤다. 심지어 아는 것은 물론 충분히 알지 못하는 것까지 글로 옮길 때도 종종 있다. 둘 다 주제넘은 짓이며, 재주를 과시하려는 뜻이 담긴 행동이다. 요컨대 모르는 것에 대해 펜을 붙들어두는 것은 예사롭지 않은 장점임이 분명하다.

열 번째 원칙

글을 절제하는 것은 이따금
편협한 사람에게는 지혜를,
무지한 사람에게는 능력을 대신한다.

자기표현을 자제할 줄 아는 무지한 사람은 글을 적게 쓸수록 자신에게 이롭다. 그래야 자기 분에 넘치는 좋은 평판을 얻을 수 있는데, 그것은 조금만 더 글을 쓴다면 하루아침에 무너져버릴 평판이기도 하다. 사람들은 그를 보고 아마 이렇게 말하리라. “그 사람 아주 현명해. 양식 있는 사람이야. 생각은 깊은데 표현을 잘 안 할 뿐이지.” 적어도 그를 과묵한 모습으로만 아는 사람들은 그렇게 생각하고 또 평할 것이다. 어쨌든 이 점에서 그가 취한 태도는 최상의 선택이라 해도 과언이 아니다. 그것은 다음 원칙을 통해서 더 구체적으로 설명된다.

열한 번째 원칙

사람들은 보통 글을 적게 쓸수록
별 재주가 없는 사람으로,
글을 너무 헤프게 써서 남을 질리게 할수록
산만하거나 정신 나간 사람으로 생각하기 쉽다.
따라서 격정에 휘둘려 지나치게 많은 글을 쏟아내
정신 나간 사람으로 취급받느니,
글을 자제해 별 재주 없는 사람으로 보이는 편이 낫다.

정신이 온전치 못하다는 것은 매우 불쾌한 평판이다. 직업상 그런 터무니없는 평판을 감수하거나, 어쩔 수 없이 정신이 온전치 못해 그런 자신의 상태에 익숙해진 사람에게나 어울리는 평판이다. 평범한 재능을 가졌다는 평판이 보다 편안하다. 사람들이 큰 기대를 하지 않을뿐더러 당사자가 조금만 재능을 발휘해도 다들 만족한다. 심지어 아무것도 하지 않아도 비난하는 사람이 없다. 애당초 큰 기대를 하지 않기 때문이다.

열두 번째 원칙

아무리 글쓰기를 자제하는 성향의 소유자라 해도
자기 자신을 늘 경계해야 한다.
만약 무언가를 쓰고픈 욕구에 걷잡을 수 없이
시달리고 있다면, 그것만으로도
펜을 붙들어두어야 할 충분한 이유가 된다.

이미 언급했듯이, 이성적인 자세로 글을 쓰려면 자기 자신을 통제할 수 있어야 한다. 그런데 감정이 말을 하는 동안은 자신을 완전히 통제하기가 불가능하다. 무언가를 글로 표현하기 위해 다소 넘치는 열정을 품는 것이 항상 비난받아야 하는 것은 아니다. 다만 글을 쓰는 이가 현명하고 조심스럽다면 먼저 주저하는 시간이 반드시 따라야 한다. 그렇지 않고 급히 서두르는 것은 걷잡을 수 없는 격정의 시작일 뿐이다. 쓰고 싶은 내용과 쓰고자 하는 방식에 대한 생각을 거듭하는 것은 나쁠 것이 전혀 없다. 그것은 비교적 손쉬운 대책이다. 감정의 첫 반응을 진정시켜 바로잡기 위해서는 생각을 한번 돌이켜보는 것으로 족하기 때문이다.

더불어 특기할 만한 고려사항 두 가지를 덧붙이자면 다음과 같다.

첫째, 펜을 잘 다루는 법을 깨우치기 위해 지금껏 기술한 원칙들이 워낙 풍부한 지침들로 채워져 있는 만큼, 글 쓰는 이는 그것들을 충분히 응용하는 가운데 자신이 잘못된 글을 쓰는지, 과도하게 글을 쓰는지, 충분히 글을 쓰지 못하고 있는지를 스스로 면밀히 살펴야 할 것이다.

둘째, 지금껏 상세하게 설명한 지침들은 특히 종교와 관련된 글에서 매우 중요한 의미를 갖는다. 종교란 글을 쓸 경우 그 결과에 책임이 반드시 따르는 분야다. 잘못 쓴 단어 하나, 덧붙이고 뺀 표현 한 줄이 그릇된 믿음과 분열, 이단을 낳을 수 있으며, 그것들을 바로잡으려면 숱한 고생과 고통을 치러야 한다.

양식 있고 신중한 글을 쓰는 사람이라면 이 책에 제시된 원칙들의 진실성에 모두 공감할 것이 분명하다. 그런데 요즘 철학자를 자처하는 이들(유물론과 무신론을 표방하는 18세기 사상가들을 일컫는다—옮긴이)은 과연 그럴까? 종교의 위엄과 국가의 안녕, 사회적 공익과 풍속의 순화를 위해 부디 그들도 그리 해주기를 간절히 바란다.

5

오감을 경계하라

해로운 글을 읽는 위험

해로운 글의 위험성을 논증하기 위해 굳이 긴 설명이 필요하진 않을 것이다. 그런 글일수록 읽는 이의 머릿속에 기름처럼 스며드는 법이다. 그것은 독사나 전갈이 내뿜는 독액처럼 의식 속에 침투해 해악을 가한다. 여기서 너무 자세한 내용까지 파고들면 얘기가 길어지므로, 일단 사람의 마음을 타락시키고 정신을 혼란케 하는 나쁜 글에는 모든 단계의 패악과 패륜이 담겨 있다는 점만 짚고 넘어가자.

사실 우리네 마음이라는 것은 인류의 원죄에 의해 충분히 타락하여, 더 이상 타락할 방도조차 없는 것이 아닐까? 이미 너덜너덜해진 미덕과 순수의 찌꺼기들을 우리가 가진 육욕으로 애써 덮어가면서, 총체적인 혼란과 방탕을 완강히 고수하려고 지금껏 연명해온 것이 아니던가? 우리의 영혼에서 종교와 인간성의 모든 개념을 압살하기 위해, 그리고 기독교적 가르침이 심어놓은 감정들을 모조리 뿌리 뽑기 위해 얼마나 많은 술책들이 시도되어왔던가? 온갖 음란한 그림과 노래들로 매춘을 부추겨왔으며, 각종 사악한 서적과 실제 사례들이 사람의 심신을 꼬드겨 불경과 방종의 독을 퍼뜨려오지 않았는가?

이제 우리는 나쁜 글을 읽는 행위가 사람의 마음에 얼마나 참혹한 폐해를 끼칠 수 있는지 살펴볼 것이다. 이를 위해 소위 '방탕주의(放蕩主義, libertinage)'를 신봉하는 작가들과 불경한 철학자들의 글을 접할 때 우리 마음속에 일어나는 현상을 되짚어보는 것 말고 더 나은 방법이 있을까?

그런 자들의 글에는 복음서가 단죄하는 모든 것, 즉 죄에 대한 애착이라든지 우리 삶에 죽음의 악취를 만연케 하는 무신앙의 취향이 마치 독을 푼 샘물처럼 흘러넘친다. 선한 이들에게는 재앙을, 악한 자들에게는 환락을 제공하는 글들이 천국으로 가는 문은 닫아걸고, 지옥으로 가는 문은 활짝 열어놓는 것이다.

아뿔싸, 세상에 창궐하는 그 독기 어린 글들을 접한 우리네 모습을 더 이상 제정신으로 바라볼 수가 없다! 선의를 실천하게끔 우리를 독려했던 순수한 열정과 늘 겸허함을 잃지 않게 해준 신의 심판에 대한 두려움, 그리고 예수 그리스도의 성체를 영접도록 제단 앞으로 발길을 이끈 경건하고 신성한 전례를 우리네 일상에서 더는 찾아볼 수 없는 것이다. 죄를 저지르기 무섭게 마음을 찌르던 회한의 감정 또한 그 흔적이 보이지 않는다. 세상일에 초연하면서 불멸의 가치를 열망토록 우리를 자극해온 저 숭고한 불티들이 지금은 모조리 꺼지고 없다.

기독교인이 기독교에 반하는 글을 즐겨 읽는 것이 가능할까? 건전한 품행을 긍지로 삼는 사람이 청렴함에 해가 되는 것을 즐기는 일이 가능할까? 온화함과 복종의 미덕을 신봉하는 신민으로서 과연 독립성과 저항을 삶의 기치로 내걸 수 있을까?

그러나 이처럼 모순된 현상들이 너무도 선명하게 실재하고 있는 것이 작금의 현실이다. 가가호호 눈에 띄는 책들이란 하나같이 우리네 여린 양심과 온건한 심성을 있는 대로 자극하는 내용들이 아니던가? 사람 마음을 호리는 문체로 온갖 악덕이 그럴듯하게 미화되고 우리의 영혼이 짐승의 본능과 뒤섞이면서 신의 존재 자체가 문제시되는, 그리하여 그 신성한 이름을 모욕하는 서적들이 버젓이 비치되어 있지 않은가?

심지어 스스로 바람직한 본보기가 되어도 모자랄 판에, 끔찍한 지침들이 난무하는 악서들을 어린 자식 손에 스스럼없이 쥐어주는 아비들로 넘쳐나는 세상이 아니던가?

장담컨대 이교도의 집을 뒤진다 한들 우리 기독교도들의 집에서 볼 수 있는 진풍경과 마주치긴 어려울 것이다. 세상에 어느 우상숭배자가 자신이 숭배하는 우상에 반하는 책을 자랑스럽게 읽는다던가? 마호메트를 모독하는 책을 소장하고 있다고 떠벌리는 마호메트교도가 있는가? 어떤 개신교도가 개신교를 공박하는 원칙들을 신봉할까? 아, 오로지 우리들, 예수 그리스도의 제자들이며 진정한 하느님의 자식인, 지극히 신성한 윤리의 추종자들인 우리들만이 자신의 믿음이 공격받는 것을 기꺼이 바라보고, 온갖 신성모독으로 점철된 글을 즐겨 탐독하며, 그 독성 강한 내용에 아무 거리낌 없이 마음을 내맡기고 있는 것이다!

정념의 기관이자 그 노리개인 이 불길한 가슴이 신에게서 멀어지지 못해 안달이라는 걸 우리는 모르는가? 화려한 빛깔을 두른 악덕으로 인해 마음은 그 몹쓸 성향의 격랑 속으로 휩쓸리고 만다는 사실을 정녕 모른단 말인가? 하루가 멀다 하고 세상에 쏟아져 나오는 글들, 대중이 앞다퉈 찾는 그 많은 책들 대부분은 오로지 말초적 감각에 아부하고 인간 본연의 도리 따윈 외면하는 내용들로 가득 채워져 있다. 바로 그런 유감천만한 글들을 수로(水路) 삼아 세상의 '방탕주의'가 마치 멈출 수 없는 급류처럼 이 도시 저 도시를 제멋대로 넘나든다. 젊은 세대는 나이 열다섯이 되기 무섭게 소위 유행을 선도한다는 그런 가증스러운 저자들의 글과 이름을 미주알고주알 주워섬기며 앞다퉈 추종하는 것을 무슨 대단한 영광으로 안다.

종교와 국가를 모독하는 글에 분개하고 그 글을 읽는 사람을 괴물 보듯 하던 시대가 지금은 어떻게 되었는가? 아뿔싸! 오늘날 이 사회는 반그리스도적 쾌락주의의 썩은 윤리를 입에 담고, 남들과 달리 어떻게든 유별난 행태를 과시하면서 아무것도 믿지 않고 아무것도 희망하지 않음을 기치로 내걸어야만 돋보이고 귀한 존재로 대우받는 세상이니!

신이시여! 호시탐탐 우리를 눈멀게 하여 타락시키려고 안달인 저 수많은 글쟁이들의 횡포를 용인하는 것 이상으로 당신의 분노를 격하게 드러낸 적이 있었던가요? 실로 당신은 그리 될 것을 우리에게 경고하셨지요. 그러나 유혹은 더할 나위 없이 강력했습니다. 악덕과 무신앙을 권유하기 위해 생

자고로 사람의 마음이란

본능적 성향을 만족시켜주는 것이면

무엇이든 취하려고 안달이어서

온갖 타락의 지침들로 스스로를 부풀리기 일쑤다.

게다가 마음의 기능이란

본래 합리적 추론이 아닌 무조건적 애정에 있는 만큼,

구미에 맞고 안락해 보이는 모든 대상에

무작정 경도되기 마련이다.

각해보지 않은 명분이 없고, 가정해보지 않은 모험이 없으며, 제시해보지 않은 원칙이 없습니다. 정념이 곧 관능적 삶을 선호한다는 것은 주지의 사실이며, 사람들은 내키는 대로 정념의 노예가 되지요. 절대다수의 사람들이 방종에 몸을 맡기지 못하는 것은 두려움 때문임을 알기에, 저들은 지옥에 관한 교리를 한낱 실체 없는 허상으로 치부하고, 영원의 전망에 몸서리치는 이들을 하찮게 매도해가며, 그 두려움을 내쫓기 위해 각고의 노력을 다합니다…….

예수 그리스도의 말씀 그대로, "누구든 위험을 좋아하는 자, 위험으로 망할지어다." 그리하여 종교나 풍속을 해치는 그 어떤 글에 대한 관심도 곧 최악의 파멸을 좇는 것과 다르지 않다는 데 이론의 여지가 있을 수 없다. 자고로 사람의 마음이란 본능적 성향을 만족시켜주는 것이면 무엇이든 취하려고 안달이어서 온갖 타락의 지침들로 스스로를 부풀리기 일쑤다. 게다가 마음의 기능이란 본래 합리적 추론이 아닌 무조건적 애정에 있는 만큼, 구미에 맞고 안락해 보이는 모든 대상에 무작정 경도되기 마련이다.

그 결과 더없이 부자연스럽고 어색한 논증들이 대중의 의식을 압도하는 현상이 벌어진다. 정확성도 의미도 상실한 문장들이 대중의 기억 속에 하나의 신기원을 이룬다. 완전히 왜곡된 이야기들이 믿어야 할 유일한 사실인 양 인용된다. 미사여구로 장식된 온갖 역설들이 나름 지적이라고 자처하는 모든 이에게 따라야 할 귀감으로 받아들여진다.

사실 우리는 좋지 않은 책을 읽을 때 종종 불편한 심기를 느끼면서 정작 그 내용을 남의 입을 통해 귀로 듣는 것은 그다지 개의치 않는다. 마치 우리의 청각이 악덕과 불경의 씨앗을 마음속까지 전달하는 데 시각만큼은 효과적이지 않은 것처럼 말이다.

무엇보다 우리의 오감(五感)을 경계하자. 신앙과 미풍양속을 해칠 수 있는 것을 감각이 듣거나 보게끔 허락하지 말자. 그래야 우리는 지당한 모습 그대로, 즉 모든 행복과 진리의 중심으로서 신에 의탁하는 마음을 지켜낼 수 있다. 만약 누군가 우리에게 소설 나부랭이를(18세기를 풍미한 계몽사상의 대표적인 문학 장르로서의 소설—옮긴이) 권한다면, 이런 경우 기독교도로서 당연히 느껴야 할 신성한 분노를 드러내며 단호히 내쳐버리자. 얼마나 많은 영혼이 그런 몹쓸 저작물로 인해 나락의 구렁텅이로 빠져들어 우리를 한숨짓게 만드는가. 소설 따위를 읽는 것이 특별히 나쁜 의도에서라기보다 그저 무료함을 달래기 위해서라는 점은 나도 안다. 하지만 단순히 시간을 때우기 위한 것처럼 보이는, 즉 심심풀이에 지나지 않는 것 같은 태도가 사람의 마음을 부글부글 끓게 하고 결국은 타락시키고 마는 씨앗이 된다.

책이란 결코 불편부당한 것이 아니므로, 반드시 그에 부합하는 분별력을 갖고 읽어야 한다. 만사를 거꾸로 이해하기에 더할 나위 없이 좋은 내용을 악용하는 사람이 있는가 하면, 나쁜 내용을 통해 방종을 지속할 핑곗거리를 구하는 사람도 있다.

예로부터 모든 신성한 목자는 나쁜 서적들로부터 양떼를 지키기 위해 항상 긴장의 끈을 놓지 않았다. 나쁜 책들은 페스트보다 흔하기에 그 폐해가 훨씬 심각했던 것이다. 신성한 목자들 중에는 종교와 풍속을 무시하고 불온한 책들을 아무렇지도 않게 읽어대는 일부 기독교도의 무모함을 '유보 사항(가톨릭에서 교황이나 주교만이 사할 수 있는 무거운 죄—옮긴이)' 내에 포함시키기도 했다. 성령의 표현대로 "나쁜 대화가 풍속을 해친다(corrumpunt mores colloquia prava. 에라스무스『격언집』중—옮긴이)."면, 나쁜 책을 읽는 것은 이런 폐단의 정점을 찍는 행위라고 할 수 있다. 그것은 단순히 풍속을 넘어 인간의 마음을 타락시키고 정신을 병들게 하기 때문이다.

우리의 정신이란 우리를 낳은 조물주를 알기 위해서 창조된 것일진대, 그리고 호기심에서든 허영심에서든 우리가 공부하는 학문이란 제아무리 고결해 보여도 결국 부분적으로밖에는 깨달음을 주지 않을진대, 세상에 내로라하는 학자가 허명(虛名)을 바라 아무리 연구에 매진해도 어둠을 완전히 벗어나지는 못할진대, 죽음과 타락의 독기를 뿜는 저 악서들이 대체 무어란 말인가? 제법 명망 있다는 문필가의 궤변이 사람의 이성을 어느 정도까지 교란하는지 우리는 알 수 없다. 그것은 자칫 오류를 진실로, 의심을 정직으로, 악덕을 미덕으로 보이게 만들어 끔찍한 혼동을 불러일으킬 뿐 아니라, 심지어 신의 계시를 무조건 부정하거나 모든 것을 뒤흔드는 회의주의가 만연케 할 수 있다.

사악한 책을 읽기 시작하는 사람은 누구나 그로 인한 유혹이 자신을 어디까지 끌고 갈 것인지 알지 못한다. 처음에는 그저 문체나 감상하는 차원에서 너나없이 찾아 읽으며 최신 유행으로 입에 오르내리는 책을 자기도 한번 누려보자는 마음이 전부다. 하지만 머지않아 정신은 저자의 역설을 비판 없이 받아들이고, 신앙과 복종의 굴레를 흔들어보는가 하면, 전

대저 말이란 귓전에 울렸다가

사라져버리는 소리로만 존재하는 것.

반면 우리가 읽는 글은

우리 안에 스며들어와

부지불식간에 우리와 하나가 되는 무엇이다.

능하신 존재가 부여한 한계를 뛰어넘고 싶어 한다.

부디 이런 생각이 잘못 짚은 추측이나 공연한 경고에 불과하다면 얼마나 좋으랴! 하지만 세상은 지금 신 앞에서조차 그 오만한 머리를 숙이려 들지 않는 반항적이고 되바라진 정신들로 들끓고 있음을 누구나 안다. 하늘로 기어올라 영원으로부터의 징벌을 피하자고 주장하는 노아의 어리석은 자손들을 자랑 삼아 흉내 내는 정신들 말이다.

어둠의 한복판에서 잉태되어 열정적으로 유포된 글들, 그 몹쓸 열매인 신성모독의 발언들이 사방에서 들려오고 있다. 유쾌한 농담처럼 다가오지만 그것들은 실은 신심 깊은 이들 대부분을 파멸의 구렁텅이로 몰아넣을 씨앗이다.

우리는 각자의 양심과 구원을 희생하면서까지 정신의 유희라 부를 만한 것에 탐닉하는 딱한 허영심을 갖고 있다. 그 결과 설사 신성모독이라 해도 짜릿한 감흥과 자극적인 흥취만 있다면 결코 마다하지 않는다. 왕좌와 제단을 위협하는 내용의 글을 읽고 쓰는 열정, 반항과 무신앙이 각인된 글이라면 무엇이든 앞다퉈 구매하고 유포하는 열의, 기독교인의 정체성을 빛 좋은 개살구로 만드는 신앙의 퇴보, 교회의 권위를 믿고 그 법에 따르는 사람은 누구나 바보로 간주하는 오늘날의 세태, 종교를 능멸하고 성직자를 위선자나 사기꾼으로 매도하는 저 끝없는 논란들 모두가 그런 정신 자세에서 나오는 것이다.

아뿔싸! 이제는 우주의 얼굴이 총체적으로 일그러졌다 해도 과언이 아닌 시대가 되었다. 사악한 글이 탁류처럼 도시들을 휩쓸어 기독교의 형체는 더 이상 알아볼 수 없을 지경이다. 벌벌 떨면서 겨우 신을 이야기하던 자들이 지금은 법정에서 제멋대로 신을 호출하고, 감히 신의 의도를 캐묻는가 하면, 그 완전성에까지 이의를 제기한다. 아직 이렇다 할 학식도 신조도 없는 젊은 세대까지 신성모독과 반항으로 점철된 사악한 글들로부터 자양분을 긷지 않는 이가 없을 정도다.

너나없이 읽고자 하는 글은 이성에 반하는 편견만 강화시키는 불온한 내용뿐이다. 그런 글은 우리를 미신에서 해방시켜준다는 구실을 내세우지만 실제로는 불신앙의 나락으로 내동댕이친다. 유감스럽게도 허명만 높은 작자들이 정신의 진정한 걸작과 진리의 발견을 뒤엎어가며 무모하게 내세우고 옹호하는 일탈들, 철학이라는 미명으로 치장된 그 모든 궤변들을 지금 당장 눈앞에 모아본다면 정녕 인류에게 치욕스러운 일이 될 것이다.

마치 인간 정신의 영광을 기리는 전리품처럼 도시와 궁전을 수놓은 저 거창하고 으리으리한 도서관들. 그곳에는 고약한 역설과 그릇된 논증만이 빼곡하다. 막강한 분량을 자랑하는 그 모든 글을 다 합쳐도 한 권의 복음서에 담긴 진리와 경이로움을 능가하지 못한다. 그런데도 인간이란 워낙에 거짓과 타락을 좋아해서, 신성한 기적의 문헌에 반하는 글에 끌리기 마련이다. 정녕 신앙을 통해서는 아무것도 보지 못하고, 의심하고 부정하기 시작하면 그 무엇도 제동을 가할 수 없는 것이 인간이라는 존재인가 싶다.

그런데 신앙이 없고 불경스러운 사람의 글에서 반박거리를 찾으려고 할 때 우리의 사고는 어김없이 막막해지고 만다. 그런 글들이 어떤 빛을 발하는 것 같긴 한데, 왠지 음침한 날씨를 예고하는 번개의 불빛을 닮은 것이다. 아닌 게 아니라 그런 느낌 뒤에는 곧장 두꺼운 구름이 시야를 가린다. 그렇다고 당황할 필요는 없다. 글을 읽는 행위는, 이를테면 음식의 영양분이 육체에 녹아들듯 그 글이 영혼에 녹아드는 과정이다. 결국 사악한 글을 읽는 사람에게서 우리가 간파해낼 것은 그 글에 담겨 있던 독이 전부인 셈이다.

신앙 없는 자들끼리 왜 그렇게 서로 닮는지, 아무리 최선의 노력을 다해도 사악한 글이 심어놓은 무신앙의 씨앗을 어째서 발본색원할 수 없는지, 글에서 유입된 편견은 어떤 연유로 세월 속에서 강고해지고 우리와 함께 늙어가는지, 그 모든 이유가 바로 거기에 있다. 대저 말이란 귓전에 울렸다가 사라져버리는 소리로만 존재하는 것. 반면 우리가 읽는 글은 우리 안에 스며들어와 부지불식간에 우리와 하나가 되는 무엇이다.

천지간에 더없이 신성하고 거룩한 것에 온갖 불경을 저질러가며 맞서는 자들을 잘 살펴보라. 완전히 눈먼 그들의 이성으로는 바로 코앞에 펼쳐진 심연을 알아볼 수 없기에 태연자약한 모습인데 그 꼴이 얼마나 섬뜩한가. 그들은 소위 철학을 한다는 자들이 내세운 끔찍한 원칙들을 글을 통해 접하고는 곧이곧대로 받아들인 상태다. 이제 철학자들은 그들에게 스승이요 신탁이다. 철학자들의 글만을 맹신하고 맹종하는 가운데 그들은 예수 그리스도가 교회에 부여한 무류성을 탈취해 제 것으로 삼는가 하면, 역사상 모든 공의회와 성인(聖人)들의 권위를 무시하면서까지 자신들의 주장을 내세운다.

그런 불상사와 추태를 두고 보다 못한 사도 바오로는 급기야 모든 이가 지켜보는 가운데 다량의 세속적인 책들을 불살라버리게 한다(「사도행전」 19장 19절—옮긴이). 손에서 손으로 놀랄 만큼 빠르게 유포되면서 대중 속에 미몽을 확산시키는 반기독교적 도서의 유통 현상은 여전히 치료약 하나 없는 질병처럼 인식되고 있다. 아울러 공공질서를 지켜낼 사명을 부여받은 만국의 법 집행자들은 예로부터 종교적 교의와 사회윤리를 해치는 모든 글들을 엄벌하기 위해 두 눈 부릅떠온 것이 사실이다.

파라오마저 궁전에 앉은 채 속수무책으로 당한 저 이집트의 유명한 재앙들은(「출애굽기」 7장~11장—옮긴이) 타락과 불경을 일삼는 글쟁이들에 대한 천벌을 어렴풋하게 연상시킨다. 나의 신앙이 지금 그런 글쟁이들을 떠올리게 하는 것이다. 이 신앙은 결코 두려움이나 상상의 산물이 아니다. 그렇다, 신앙은 내게 응징의 화염에 휩싸인 사악한 글쟁이들의 처지를 생생히 보여주고 있다. 이 지상에서 사람들이 그들을 칭송하고 그들의 파렴치한 글에 탄복하는 바로 그만큼 불길은 거세게 타오른다.

예언자가 말하기를 "주께선 인간과 확연히 다를 것이다."라고 했다. 따라서 그대들이 문장에 현혹되고 명성을 선망하여 불경한 저자들에게 보내는 무분별한 갈채는, 심판의 날 그들을 겨눌 예리한 쇠꼬챙이들로 변하고 머리에 쏟아질 뜨거운 불덩이가 될 것이다.

반항 정신은 원죄가 저질러진 이래 인간에게 지극히 자연스러운 것이어서, 그 활동을 애써 차단하지 않으면 사악한 글을 읽으면서도 실제와는 전혀 다른 내용을 본다고 착각할 수 있다. 가령 무의미하게 지나치는 것을 견고한 의미로 본다든지, 터무니없는 역설을 결정적인 논거로 간주할 만큼 이성이 마비되기도 한다.

이는 사악한 글이 정신에 초래하는 둔화 작용의 가장 명백한 증례일지도 모른다. 사악한 글은 읽기 무섭게 마음을 어지럽히고, 어지러운 마음은 서둘러 정신을 혼란케 하여, 아무 방해도 거침도 없이 자신의 영향력을 넓히려 한다. 이때 놀라운 것은 정념 또한 나름의 계산을 할 줄 안다는 사실이다. 이를테면 정신이 신앙의 명징함을 간직하는 한 자신에게 제동을 가할 것을 알기에, 정념은 그럴듯한 저자의 글을 교묘하게 이용해 무엇보다 먼저 정신이 가진 신념의 모든 불티를 꺼트리는 데 주력하는 것이다.

무질서한 상태를 선호하고 갈망할 때마다 정신이 꼬박꼬박 들고일어난다면, 설사 마음이 죄를 범한다 해도 겁에 질

믿음이 없는 것은

결국 마음의 소치일 뿐.

나무라야 할 것은

오로지 인간의 마음,

설득해야 할 것 역시

마음인 것이다!

려 찔끔찔끔 저지르는 수준일 수밖에 없다. 그런데 현실은 어떤가? 마음이 타락의 한복판에서 엄청난 독기와 악취를 뿜어내, 계도의 책임을 지고 있는 정신 자체가 그만 마비되고 만다. 그 결과 사고는 혼란 속을 헤매고 이성이 실종되는 상황을 맞을 수밖에 없다.

고백하건대 나는 소위 잘나가는 작가가 글재주 하나로 신앙의 불꽃을 꺼트릴 수 있다는 생각을 할 때마다 몸서리치게 된다. 숱한 기독교인을 알게 모르게 변심케 한 것은, 자유사상가들의 글에 담긴 정연한 논리 체계라기보다 우리의 가장 성스러운 신비에 던지는 그들의 야유와 조롱이기 때문이다. 세상은 정념과 감각이 득세할수록 말초적인 양상으로 치우쳐, 오류와 진실을 구별하지 못하고 명료한 원칙들을 지탱해 나가는 데 어려움을 느끼기 마련이다. 그 결과 무절제한 여론의 흐름에 세상 모든 것이 좌우되고, 가장 가볍고 일관성 없는 글쟁이의 소견이 권위 있는 고견으로 둔갑하는 것이다. 그런 식이 아니라면, 지금 통용되는 안목에 최고로 보여도 실은 불경스럽고 무모할 뿐인 저자들에게 현혹될 사람은 한 명도 없을 것이며, 신성모독과 억지 논리에 바탕을 둔 그들의 글은 영원한 망각의 어둠에서 한 치도 벗어나지 못했을 것이다.

지금까지의 논의로 보건대, 정신이 신에게 반기를 들 때마다 그 주범은 우리의 마음이라는 사실이 분명히 드러난다. 실제로 정념이 마음을 뒤흔들지 않는 상태에서 종교를 떠받치는 진리의 증언을 감히 무시하는 사람은 없다. 그러나 모든 것을 깨치고 모든 것을 알아내고자 하는 안타까운 욕구는 항상 우리의 파멸을 부르기 마련이다. 어리석게도 우리는 눈으로 뭔가를 보고자 하는 욕심 자체가 대죄에 해당한다고 생각하지 않는다. 가엾은 이브가 호기심을 못 이겨 금단의 열매를 따먹었다는 것만으로 세상에 죄가 틈입했다고도 보지 않는다. 봐서는 안 되는 광경을 경솔하게 봐버린 것 하나 때문에 롯의 아내가 소금 기둥이 되었다고도 생각하지 않는다. 중독되고 싶지 않으면서도 독을 삼켜서는 안 된다는 생각을 하지 못한다.

글을 읽지 못하는 사람이여, 목자들의 가르침에 다소곳이 귀 기울여라. 특히 알고자 하는 욕망이 그대를 수많은 위험에 노출시킬 때 덕 있는 자들의 경건한 대화를 경청하고, 그대의 순박한 심성으로 신을 찬양하라. 무지가 성인을 만든 것은 아니지만, 순박한 심성은 진정한 기독교인의 품성이니.

지금까지 양서만을 읽고, 신성한 종교가 주는 사랑 안에서 성장하는 일에 자신의 모든 지식을 쏟아부은 그대여, 신께 감사하라. 그리고 그대의 신앙고백인 기독교의 품격과 지혜에 부합하는 행실을 유지하라. 그대가 읽은 글이 그대의 품행으로 드러나도록, 그대의 마음과 그대의 정신을 하나로 합쳐 그대가 믿는 위대한 진리가 구현되도록 행동하라.

혹시 불행하게도 죄 많은 세속의 글에 유혹당한 자들이 있다면, 아! 그 발걸음을 다시 되돌려라. 그리고 믿음의 행동을 꾸준히 이어가라. 악마의 자식들에게나 어울릴 그런 역심(逆心)일랑 단번에 소멸시킬 수 있을 테니. 원하는 모든 것을 이루시는 신의 권능 앞에 머리를 조아려라. 신이 하시는 일은 얼마든지 이해의 범위를 넘어설 수 있나니, 근본적으로 이해 불가능하고 무한하신 존재이기 때문이라!

마지막으로 신앙을 저버린 자들, 당대의 철학자를 자처하는 글쟁이들에게 고하노라. 부디 한 번이라도 진리를 깨달으려는 마음을 갖고, 진리를 추구하고 따르려는 지각 있는 자세를 가져보기를. 눈을 크게 뜨고 살피기를, 심사숙고하기를. 그런 노력과 주의를 쏟아붓고도 종교에서 얻을 것이 없다고 판단한다면, 인간의 정신을 우리 뜻대로 좌우할 수 없나니, 그들을 그들 자신의 손에 맡겨둘 수밖에. 다만 가슴 아픈 점은, 교회의 폐부를 후벼 파는 저 숱한 믿음 없는 자들 중에 정신의 오류가 병든 마음에서 비롯되지 않은 자는 단 한 명도 없다는 사실. 믿음이 없는 것은 결국 마음의 소치일 뿐. 나무라야 할 것은 오로지 인간의 마음, 설득해야 할 것 역시 마음인 것이다!

사람이 의심을 하는 것은, 의심하고 싶어 하는 마음 때문이다. 가장 생생한 국면을 통해서도 그 문제점이 얼마나 엄청난지 파악하기가 어려우니, 과연 치명적인 성향이 아닐 수 없다! 무신앙이 좋은 점은 무엇인가? 자신의 정신을 혹사해 그것이 어디서 났는지, 어떻게 될 것인지 갈피를 잡을 수 없게 만드는 일에 무슨 매력이 있는가? 우리네 삶을 제한하는 이 작은 공간 안에서 독립을 선호하다가 그런 치명적인 방침에 구미가 당긴 것이라면, 삶의 끝자락에 이르러 그 방침은 비싼 대가를 치르리라!

이쯤에서 나는 하늘의 분노에 펜 끝을 흠뻑 적셔, 지독한 의혹 속에서 숨을 거두는 인간의 모습을 그려 보이고자 한다. 그것은 자기 마음에서 지워버리기 위해 그토록 애썼지만 실패한 종교적 진리와 어쩔 수 없이 대면하게 된 인간의 마지막 모습이다. 모든 것이 그의 영혼을 뒤흔든다.

임종의 침상에 누운 나의 모습을 상상해보자. 나는 지금 세상으로 돌아갈 아무런 희망도 없는 상태다. 의사들은 나를 포기했다. 친구들도 무기력한 눈물과 소용없는 한숨 말고는 내게 줄 것이 없다. 처방은 결실이 없다. 그 어떤 진료도 성공을 거두지 못했다. 내가 소유한 알량한 재산은 물론 우주 전체를 동원해도 나를 이 상태에서 구하지 못할 것이다. 그냥 죽을 수밖에 없다. 설교는 더 이상 설교자의 몫이 아니다. 충고 역시 더는 책에 담겨 있지 않다. 그 모든 것을 죽음이 직접 나서서 한다. 벌써 내 핏속에서 끔찍한 냉기가 느껴진다. 죽음의 땀방울이 이미 내 몸의 표면을 타고 퍼져나간다. 나의 발, 손, 앙상한 사지는 지금 살아 있는 몸이라기보다는 하나의 시체, 산 자보다는 죽은 자의 몸뚱어리에 붙어 있는 것이다. 이제 죽어야 한다. 어디로 갈 것인가? 무엇이 될 것인가? 내가 나 자신의 시체를 보다니, 그 얼마나 끔찍한 광경인가! 장례식장의 촛불들, 음산한 장막, 장송곡 소리, 땅속 공간, 시신, 구더기, 부패……. 그 모든 과정이 벌써부터 머릿속에 그려진다. 영혼의 존재를 고려해보아도 그 운명에 대해서는 아는 것이 없다. 나는 그저 고개를 푹 숙인 채 영원한 어둠 속으로 뛰어들 뿐이다. 신앙을 부정하는 나의 의식은, 영혼이란 물질의 가장 미묘한 성분을 함유한 부분이라고 말한다. 아울러 저승이라는 것은 하나의 허상일 뿐이며, 사후의 삶은 망상에 불과하다고도 말한다. 그러나 여전히 나는 신앙 없는 마음을 흔들어대는 무언가를 느끼고 있다. 천국과 지옥의 관념이 나도 모르게 의식 속에 출몰하지만 않는다면, 무에 대한 생각이 아무리 끔찍하다 해도 견딜 수 있을 것 같다. 그런데 그 천국이라는 것, 영광 가득한 불멸의 체류지가 자꾸만 내 눈에 보인다. 내가 저지른 죄 때문에 접근이 차단된 하나의 장소로서, 머리 위로 홀연히 떠오르는 그곳이 보인다. 그런가 하면 내가 그토록 야유를 퍼부었던 지옥이라는 것 역시 내 발밑에 퀭하니 입을 벌리고 있는 것이 보인다. 불행한 혼령들이 내지르는 무시무시한 아우성이 들린다. 심연의 우물에서 올라오는 연기가 나의 상상력을 어지럽히고 나의 사고를 무디게 만든다.

이상이 바로 임종의 자리에서 본 무신앙자의 실상이다. 이는 결코 상상으로 그려낸 모습이 아니다. 재미 삼아 꾸며낸 이미지가 아니라 실제 벌어지는 현상에 의거한 장면들이다. 성직자로서의 직무에 따라 매일같이 임종의 현장을 방문하는 가운데 우리가 직접 목격하는 모습들 말이다. 신께서 우리를 그 자리에 불러 당신이 드러내는 분노와 응징의 서글픈 증인이 되어달라고 하시는 것 같다. 무신앙이 결국에는 도달하고 마는 지점, 무신앙의 말로라고나 할까. 범속한 오류들을 뛰어넘었다며 자랑하던 독자적 사고의 달인들 대부분이 마지막 숨을 거두는 모습이다. 다시 묻겠다. 이처럼 암울한 결말로 치닫는 삶의 자세에서 도대체 무슨 매력을 찾을 수 있단 말인가? 인간, 그것도 지각 있는 인간으로서 저와 같은 광란의 도가니에 빠져 헤매는 것이 어떻게 가능하단 말인가?

나는 여러분 앞에 문제를 하나 제시하는 것으로 지금까지의 성찰을 마무리하고자 한다. 다음 두 부류의 인간 중 누가 더 끔찍하다고 보는가?

먼저 첫 번째 부류부터 살펴보자. 이 인간은 자신의 감각으로 받아들일 수 있는 것은 무엇이든 거부하지 않기로 결심했다. 아무 제약 없이 욕망을 따르고, 이 세상에서 맛볼 수 있는 모든 쾌락을 마음껏 누리기로 작정한 것이다. 그런 그를 불안하게 만드는 생각이 딱 하나 있는데, 다름 아닌 종교에 대한 생각이다. 자비를 베푼 신을 능멸하고, 최후를 심판할 신의 노여움에 불을 지르며, 영원한 구원을 하찮게 여기고,

지옥을 불사한다는 생각. 그런 생각이 모처럼 쾌락에 뛰어들고자 하는 결심에 자꾸 걸림돌이 된다. 이러한 욕망과 가책의 충돌을 무마하기 위해 그는 다음과 같은 방법을 택한다. 자신의 정신 속에서 종교에 관한 생각을 완전히 제거해버리는 것. 그렇게 확고부동한 무신론자로 변모해, 마음 편한 죄인이 되고자 하는 것이다. 이제 그는 종교가 하나의 망상일 뿐이라고 스스로 확신하거나 자위할 수 있게 됨으로써, 비로소 편안하게 죄를 저지른다. 여기까지가 첫 번째 인간의 모습이다.

다음은 두 번째 부류다. 이 인간 역시 자신의 감각으로 받아들일 수 있는 것은 무엇이든 거부하지 않기로 결심했다. 아무 제약 없이 욕망을 따르고, 이 세상에서 맛볼 수 있는 모든 쾌락을 마음껏 누리기로 작정한 것이다. 그런 그를 불안하게 만드는 것 또한 첫 번째 인간과 동일한 생각이다. 다름 아닌 종교에 대한 생각. 자비를 베푼 신을 능멸하고, 최후를 심판할 신의 노여움에 불을 지르며, 영원한 구원을 하찮게 여기고, 지옥을 불사한다는 생각. 그런 생각이 모처럼 쾌락에 뛰어들고자 하는 결심에 자꾸 걸림돌이 된다. 여기서 그는 욕망과 가책의 충돌을 무마하기 위해 첫 번째 인간과는 다른 방법을 택한다. 은혜를 베푼 신이 없다고 생각하는 것이 아니라 그 은혜에 냉담한 태도를 취한다. 최후의 심판자가 존재하지 않는다며 자위하는 것이 아니라 그 권위에 정면으로 맞선다. 구원을 망상으로 치부하는 것이 아니라 그 구원의 매력에 마음을 닫아건다. 지옥의 존재에 의혹을 제기하는 것이 아니라 지옥의 고통 자체를 불사한다. 여기까지가 두 번째 인간의 모습이다.

이상 두 종류의 인간 중 어느 쪽이 더 죄가 많은지 신중하게, 매우 신중하게 검토해보는 것이 여러분에게 남겨진 숙제다.